Et m'en pense C. Darwin.

Vivian

Colette

28 XI 2019

Les Origines du populisme

Yann Algan
Elizabeth Beasley
Daniel Cohen
Martial Foucault

Les Origines du populisme

Enquête sur un schisme politique et social

LA REPUBLIQUE DES IDEES

Seuil

Collection dirigée
par Pierre Rosanvallon
et Ivan Jablonka

ISBN : 978-2-02-142858-2

www.seuil.com

Le fait qu'avec une uniformité monotone mais abstraite le même sort avait frappé une masse d'individus n'empêcha pas ceux-ci de se juger eux-mêmes en termes d'échec individuel, ni de juger le monde en termes d'injustice spécifique.

Hannah Arendt,
Les Origines du totalitarisme

Ce livre s'appuie sur l'analyse économétrique de nombreuses bases de données (Enquêtes CEVIPOF, European Social Survey, World Values Survey, résultats électoraux…). Pour ne pas alourdir la présentation, les tableaux correspondant aux résultats présentés dans cet ouvrage sont mis en ligne sur le site web de nos institutions www.cepremap.fr et http://www.sciencespo.fr/cevipof/

Les auteurs remercient Madeleine Péron pour sa lumineuse contribution à ce livre, qui n'aurait jamais pu voir le jour sans son aide sur le texte et les données. Mille mercis aussi à Emily Helmeid et Eva Davoine pour leur formidable travail sur les données européennes.

Nous remercions également toutes celles et ceux qui, sous différentes formes, ont contribué à ce projet au CEVIPOF, à Sciences Po et à l'Observatoire du Bien-être du CEPREMAP, en particulier Mathieu Perona, Amory Gethin, Thanasak Jenmana, Esther Raineau-Rispal, Laura Leker, Jaya Jain, Marie Young Brun, Paul Vertier et Claire Vandendriessche.

La recherche qui a conduit aux résultats de cette étude a été partiellement financée par le Conseil européen de la recherche grâce au programme de recherche et d'innovation Horizon 2020 de l'Union européenne (Convention de subvention n° 647870).

INTRODUCTION

Un spectre hante l'Occident: le populisme. Il prospère partout: aux États-Unis, au Royaume-Uni, en Allemagne, en Autriche, en Pologne, en Hongrie, etc. Cette progression a franchi un nouveau seuil en France quand Marine Le Pen s'est hissée au second tour de l'élection présidentielle française en 2017 et en Italie avec la coalition gouvernementale arrivée au pouvoir en 2018. Qu'elle émane de la gauche ou de la droite, la montée des forces «antisystème» est intimement liée à la détérioration des conditions d'existence des classes moyennes et populaires, frappées par l'insécurité économique et le creusement des inégalités, notamment depuis la crise économique de 2008. Celle-ci a provoqué un immense ressentiment, une très forte colère à l'égard des partis traditionnels, qui se sont tous révélés incapables de protéger les classes populaires des dérèglements du capitalisme contemporain.

L'instabilité économique est la force première qui explique la poussée populiste. Mais, si celle-ci ne s'expliquait que par des facteurs économiques, comment comprendre, comme le souligne Hervé Le Bras, que les ouvriers de Champagne-Ardenne (dans le Nord-Est) votent majoritairement FN, alors qu'ils sont très minoritaires à le faire dans la région Midi-Pyrénées[1]? Comment

1. Hervé Le Bras, *Le Pari du FN*, Paris, Autrement, 2015.

interpréter la manière dont la protestation antisystème se ventile entre la gauche radicale et la droite populiste, si différentes sur le terrain des valeurs ? Répondre à ces questions exige de prendre en compte une autre crise, « culturelle », tout aussi profonde que celle qui émane des dérèglements économiques. La poussée populiste observée en France et dans d'autres démocraties libérales prend ses sources dans la montée en puissance d'une société d'individus où chacun est conduit à penser sa position sociale en termes subjectifs, provoquant une polarisation entre ce que Robert Castel appelait un « individualisme par excès », celui des gagnants, et un « individualisme par défaut », celui des perdants[1]. Elle est l'expression du même désarroi que celui que Hannah Arendt avait analysé pour expliquer la montée du totalitarisme dans les années 1930. Elle la décrivait comme l'effet du passage tumultueux d'une « société de classes » à une « société de masse », faite d'individus abandonnés à eux-mêmes au milieu des désordres du monde.

Le nouvel axe de la vie politique

Les compromis que la gauche et la droite traditionnelles étaient parvenues à nouer en leur sein ont été fracassés par la poussée populiste. Sans disparaître, l'axe droite-gauche est concurrencé par une polarisation nouvelle dont le second tour de l'élection présidentielle française de 2017, opposant Marine Le Pen et Emmanuel Macron, a donné une image chimiquement pure. Le tableau suivant compare les résultats du second tour de l'élection présidentielle française en 2012 et en 2017. Il indique le vote de différents électorats pour chaque candidat (relativement

1. Robert Castel, *L'Insécurité sociale. Qu'est-ce qu'être protégé ?*, Paris, Seuil et La République des Idées, 2003.

à la moyenne nationale de ceux-ci). L'attrait qu'exerce la droite populiste auprès des classes populaires est considérable en 2017. Les ouvriers donnent un avantage déterminant à Le Pen : ils sont 12 points plus nombreux que son électorat national à voter pour elle, tandis que les cadres votent très nettement pour Macron. L'élection de 2012, à l'inverse, n'avait accordé qu'un rôle mineur à ces variables. L'opposition droite-gauche traditionnelle avait fini par être totalement indifférente à la géographie sociale du pays. La candidature de Le Pen restaure une concordance entre la polarisation de l'espace politique et celle de l'espace social. Elle reconstruit un vote de classe.

TABLEAU 1

Le second tour des élections présidentielles de 2012 et de 2017
(écart au score national de chaque candidat,
en points de pourcentage)

	2012			2017		
	Hollande	Sarkozy	Abstention	Macron	Le Pen	Abstention
Cadres	2	2	− 4	13	− 10	− 3
Ouvriers	0	− 5	5	− 13	12	1
Personnes confiantes en autrui	15	− 9	− 6	16	− 14	− 2

Source : Enquête électorale française, CEVIPOF.
Note : les « personnes confiantes » sont celles qui répondent positivement à la question : « D'une manière générale, diriez-vous que l'on peut faire confiance à la plupart des gens ou que l'on n'est jamais assez prudent quand on a affaire aux autres ? »
Lecture : en 2012, le pourcentage d'électeurs cadres qui ont voté pour Hollande est supérieur de 2 points de pourcentage à son score national.

L'autre élément décisif qui émerge de ce tableau est un facteur qui jouera un grand rôle dans notre analyse de la crise culturelle : le niveau de confiance des électeurs à l'égard d'autrui. L'indicateur est obtenu à partir d'une question simple : « D'une manière générale, diriez-vous que l'on peut faire confiance à la plupart des gens ou que l'on n'est jamais assez prudent quand on a affaire aux autres ? » Son pouvoir explicatif est considérable, dans l'ancien comme dans le nouveau monde politique[1]. La gauche est le parti des gens confiants. François Hollande avait disposé d'un avantage de 15 points dans cet électorat, dont Emmanuel Macron profitera en 2017. Comme nous le montrerons dans une comparaison internationale incluant les autres pays européens et les États-Unis, c'est un trait qui se retrouve partout.

La droite, et surtout la droite populiste, est méfiante. La question de l'identité, qui prend ici le sens anthropologique d'un rapport blessé à autrui, est le socle de la droite populiste. Celle-ci ne prospère pas seulement sur une doxa antisystème, elle est également anti-immigrés. Les partis qui l'incarnent partagent tous une forte coloration xénophobe, y compris dans les pays scandinaves, pourtant mieux protégés de la crise et de la montée des inégalités. Les Démocrates de Suède, le parti du Peuple danois, les Vrais Finlandais, le Parti de la liberté d'Autriche (FPÖ), Aube dorée en Grèce, la Ligue du Nord en Italie, tous se sont construits sur un discours xénophobe. Le FN devenu Rassemblement national[2] est parfaitement emblématique de ce mouvement, ses électeurs se mobilisant en priorité sur la question immigrée, devant le chômage et le pouvoir d'achat, considérant que le parti frontiste est le plus crédible pour traiter les enjeux liés aux politiques

---

1. Cette variable est évidemment corrélée aux autres facteurs sociaux (éducation, catégories socioprofessionnelles, niveau de revenu), mais l'analyse que nous proposerons dans ce livre montrera que cette variable, longtemps ignorée de l'analyse électorale, est déterminante relativement aux autres.
2. Dans la suite de cet ouvrage, nous parlerons du Front national, ancien nom du Rassemblement national, afin d'en retracer l'évolution historique.

d'immigration. Les causes de cette xénophobie sont complexes, multidimensionnelles. Une explication strictement économique, liée entre autres à la concurrence entre les autochtones et les immigrés sur le marché de l'emploi ou de l'immobilier, ne peut suffire. La corrélation entre les attitudes anti-immigrés et l'homophobie, par exemple, est beaucoup plus forte que celle qui est obtenue en comparant la détestation des immigrés aux variables économiques. Mais, à l'inverse, une explication purement culturelle du racisme comme un fait social autonome ne suffit pas davantage. C'est la faiblesse plus générale du rapport à autrui, y compris dans le cas des électeurs du FN avec leur propre famille, qui joue un rôle essentiel.

Sous une apparente continuité avec l'électorat de la droite traditionnelle, la méfiance des électeurs de Marine Le Pen diffère profondément de celle des électeurs de Nicolas Sarkozy ou de François Fillon. Celle de la droite classique est traditionaliste. Elle est bourgeoise, « propriétaire » : c'est l'ombre portée de l'ancien clivage gauche-droite. La méfiance des électeurs de Le Pen est d'une autre nature. Elle reflète leur difficulté à trouver une place dans la réalité sociale, à faire société dans un monde qui fragmente toujours davantage les destins individuels. Le vote de ces électeurs n'est plus l'expression d'une aspiration collective mais plutôt celle d'une frustration individuelle. Comme dans les années 1930, la crise économique et sociale que nous vivons a aussi produit une violente désocialisation des classes populaires. Les Trente Glorieuses avaient forgé un idéal de croissance inclusive qui s'est perdu au cours des décennies suivantes. La société industrielle et le modèle fordiste étaient fondés sur des entreprises organisant la socialisation des travailleurs à l'intérieur de l'entreprise, avec notamment la présence de syndicats puissants. La société postindustrielle a fait éclater cette structuration des espaces communs : le développement des services et des nouveaux modes de travail s'est accompagné d'une plus grande solitude sociale. La relation directe au client a remplacé la relation avec le collègue. Les métiers de services directs aux particuliers assurés par les artisans et les commerçants, ou encore les ouvriers non qualifiés dans les secteurs du service, ne sont plus encadrés par la densité des relations sociales qui caractérisait le modèle de l'entreprise industrielle. Ce sont ces mêmes acteurs qui sont sur-représentés dans le mouvement des Gilets jaunes : conducteurs, aides-soignantes, très présents sur les ronds-points, alors que les représentants des syndicats ont souvent été tenus à distance. Comme nous le verrons dans le chapitre consacré à ce mouvement, il montre à sa manière que le vote pour le FN n'est pas réductible à un vote « ouvrier », au sens où on l'entendait encore en 1981 : il est davantage le vote d'individus malheureux, dont la satisfaction dans la vie est faible.

Retour sur un concept

Comme le souligne Dominique Reynié[1], le terme « populisme » doit être utilisé avec précaution[2]. Dans certains milieux,

1. Dominique Reynié, *Les Nouveaux Populismes*, Paris, Fayard, « Pluriel », 2013.
2. Historiquement, le terme a ses lettres de noblesse. En Russie, entre 1840 et 1880, le mouvement populiste (*Narodniki*) a été le fait d'enseignants, fonctionnaires, journalistes qui ont lancé un mouvement d'éducation populaire dont la révolution de 1917 sera l'un des échos. Aux États-Unis, dans les années 1880, le populisme est né dans le monde des petits fermiers du sud et de l'ouest du pays. Les paysans surendettés se sont retournés contre leurs banquiers, donnant lieu à une véritable insurrection agraire au cours des années 1870-1890. Le People's Party exigea la nationalisation des chemins de fer, des télégraphes, des ressources naturelles, des banques... En France, à la fin des années 1880, le boulangisme – du nom de son leader, le général Georges Boulanger – « prétend transcender le clivage gauche-droite » en rassemblant une base électorale

il se confond parfois avec « populaire » et ne fait que désigner le mépris des élites pour les masses. Le mot est tout aussi imprécis quand il vise à caractériser, de manière symétrique, l'ensemble des détestations qui s'expriment contre les élites, contre le « système ». Il ne permet pas, en particulier, de distinguer les versants gauche et droite de cette protestation. Pour éviter cette ambiguïté, nous utilisons dans ce livre deux expressions distinctes : la « gauche radicale » et la « droite populiste », deux forces unies dans leur critique du « système », mais qui s'opposent profondément sur le terrain des valeurs et soutiennent des plateformes économiques très différentes.

Si les dérèglements du capitalisme ont puissamment alimenté ces deux versants de la protestation, la gauche radicale est toutefois totalement décontenancée par la séduction qu'exerce la droite populiste sur les classes populaires. Elle peine à admettre ses relents xénophobes, autoritaristes. Une question tout aussi troublante l'interpelle sur le terrain économique. Toute l'analyse traditionnelle de l'axe gauche-droite repose sur l'idée que la gauche, parti des pauvres, est en faveur de la redistribution et que la droite, parti des riches, y est hostile. Or, de manière paradoxale compte tenu de leur faible niveau de revenu, les électeurs du Front national ne semblent pas particulièrement intéressés par cette problématique. À la question : « Faut-il prendre aux riches pour donner aux pauvres ? », les électeurs de Jean-Luc Mélenchon d'un côté et ceux de François Fillon de l'autre répondent de manière on ne peut plus prévisible : très positivement pour les premiers, très négativement pour les seconds. Plus étonnant, l'électorat Le Pen répond comme celui de Macron, de façon modérée, comme

---

mécontente des effets de la crise économique, du malaise social, d'une frustration nationale née de la guerre perdue de 1870, et surtout de l'absence de morale des élites dirigeantes, qu'elles soient parlementaires, intellectuelles, médiatiques ou économiques.

si cette question ne l'intéressait pas. La méfiance radicale des électeurs de Le Pen à l'égard du reste de la société permet de comprendre ces différents paradoxes : ils se méfient autant des pauvres, et des instruments de redistribution en leur faveur, que des riches et de l'État providence.

La gauche radicale et la droite populiste se nourrissent de valeurs et d'ambitions programmatiques profondément distinctes. Elles héritent, comme à leur insu, de l'opposition traditionnelle entre la gauche et la droite. L'une des conclusions de notre enquête sera de montrer qu'il y aurait une profonde illusion à penser qu'elles puissent s'unir sur un programme commun. L'exemple italien, parfois donné comme la preuve qu'une telle alliance est possible, n'en est pas un. Comme nous le verrons dans le cadre d'une comparaison internationale, les électeurs du Mouvement 5 étoiles sont beaucoup plus proches, sur le terrain des valeurs et de la méfiance interpersonnelle, de la droite populiste que de la gauche radicale des autres pays.

Ces considérations posent évidemment la question de savoir comment se résoudra la crise politique que la poussée des forces antisystème a provoquée. Alors que la gauche et la droite offraient à leurs électeurs de nouer des alliances ouvertes, ouvriers et instituteurs à gauche, bourgeois et paysans à droite, le risque que la droite populiste fait courir aux classes populaires est de les faire passer d'un ghetto social à un enfermement politique, sans autre dénominateur commun qu'un rapport négatif à autrui et au reste du monde social. La manière dont les démocraties parviendront à sortir de cette impasse déterminera notre avenir collectif.

CHAPITRE PREMIER

Trois crises

Crise politique

La première manifestation de la poussée des forces anti-système, de droite et de gauche, est une crise de confiance à l'égard des institutions politiques nationales et supranationales. La figure 1 illustre la très forte relation entre la défiance des citoyens pour leurs institutions et le vote en faveur des forces antisystème, regroupant la gauche radicale et la droite populiste.

Toutes les enquêtes internationales sur les valeurs des citoyens révèlent un profond déclin de l'idéal démocratique, notamment depuis le déclenchement de la crise financière en 2008[1]. En 2017[2], à la question : « La démocratie est-elle le meilleur des systèmes ou un autre système pourrait-il être aussi bon que la démocratie ? », plus d'un Français sur trois considère qu'un autre système pourrait être aussi bon. Cette remise en cause fait son chemin puisque cette opinion était celle d'un peu moins d'un

---

1. Yann Algan, Sergei Guriev, Elias Papaioannou et Evgenia Passari, « The European Trust Crisis and the Rise of Populism », *Brookings Papers on Economic Activity*, 2017.
2. Dominique Reynié (dir.), *Où va la démocratie ? Une enquête internationale de la Fondation pour l'innovation politique*, Paris, Plon, 2017. Tous les chiffres suivants sont issus de cet ouvrage collectif.

FIGURE 1
Vote pour les partis antisystème et confiance
dans le parlement national : UE-15[1] (2012-2016)

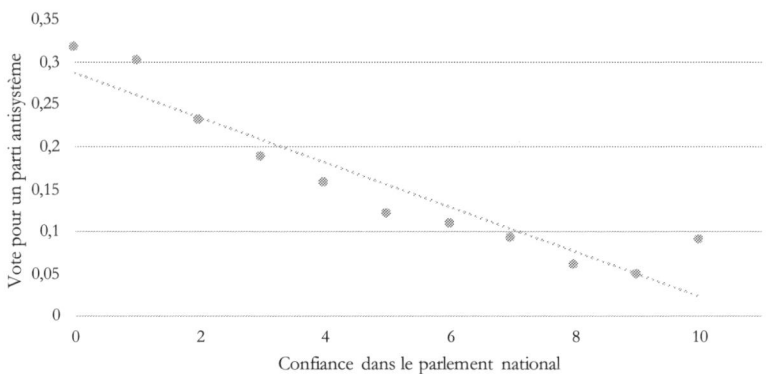

Source : *Enquête sociale européenne, 2012-2016.*
Note : moyenne pondérée du vote antisystème pour chaque réponse possible à la question : « Sur une échelle de 0 à 10, dans quelle mesure faites-vous confiance au Parlement de votre pays ? 0 signifie que vous ne faites pas du tout confiance et 10 signifie que vous avez une confiance totale. »

Français sur quatre en 2014. Le même désamour pour la démocratie est partagé par plus du tiers des citoyens des différents pays européens et aux États-Unis. Sans surprise, la plupart des citoyens interrogés considèrent également que la démocratie fonctionne « assez mal » ou « très mal », aussi bien en Europe qu'aux États-Unis (55 %). L'insatisfaction vis-à-vis du fonctionnement de la démocratie est encore plus prononcée dans les pays d'Europe de l'Est : elle gagne 82 % des citoyens en Bulgarie, 80 % en Hongrie et 59 % en Pologne. L'Europe méditerranéenne traverse aussi la même dépression démocratique : le jugement négatif vis-à-vis de

1. Les pays de l'UE-15 sont l'Allemagne, l'Autriche, la Belgique, le Danemark, l'Espagne, la Finlande, la France, la Grèce, l'Irlande, l'Italie, le Luxembourg, les Pays-Bas, le Portugal, le Royaume-Uni et la Suède.

la démocratie bat des records en Italie (79 %) et en Grèce (67 %), et gagne la majorité des Espagnols (60 %) et des Français (53 %). Le jugement des électeurs sur leurs représentants est tout aussi critique : pour 87 % des citoyens européens et 88 % des citoyens américains, « la plupart des responsables politiques défendent surtout leurs intérêts et ne se préoccupent pas des gens comme moi ». Les responsables politiques sont considérés comme corrompus par 77 % des citoyens européens, avec un record à 91 % en Hongrie et en Pologne, et par 79 % des Américains.

L'ensemble des institutions politiques qui font vivre la démocratie est soumis au même désamour. Une majorité de citoyens européens (59 %) exprime une défiance vis-à-vis de leur parlement national : 78 % en Italie, 64 % au Portugal et en Espagne, et 56 % en France. La défiance à l'égard des partis politiques est aussi largement répandue en Europe : 68 % en Allemagne, 75 % au Royaume-Uni et en Autriche, avec des records en France (89 %), en Espagne (90 %) et en Italie (91 %).

Crise économique

La crise politique trouve en grande partie son origine dans un fort ressentiment des classes populaires contre les bouleversements économiques dont elles ont été les principales victimes, et dans l'incapacité de leurs gouvernants à y faire face. À partir du milieu des années 1970, une reconfiguration du système économique se met en place, marquée par la désindustrialisation accélérée, la désyndicalisation, une montée de la pression concurrentielle, la mondialisation et l'essor des technologies nouvelles. La peur de l'avenir a pris une ampleur croissante, notamment depuis le début du siècle et avant même la crise de 2008. Le graphique suivant illustre la corrélation étroite entre l'insécurité économique en Europe et la défiance à l'égard des institutions politiques.

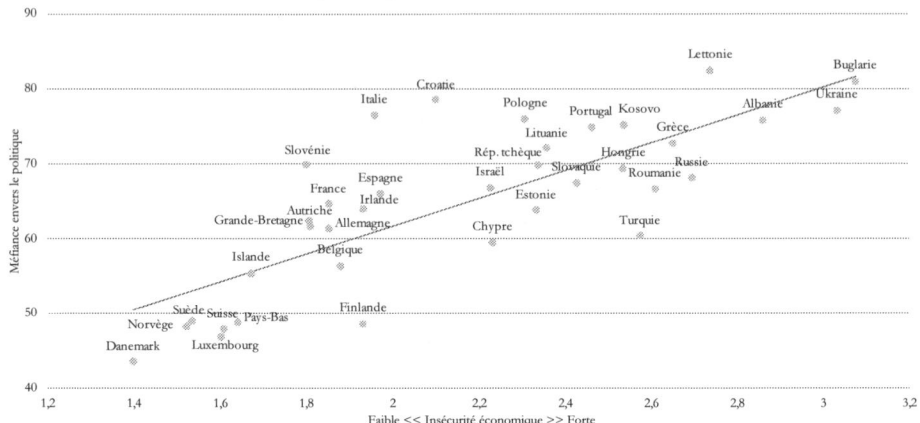

FIGURE 2
Méfiance politique et insécurité économique

Source : Inglehart et Norris[1], avec les données de l'Enquête sociale européenne, 2001-2016.
Note : la méfiance envers le politique est mesurée par la moyenne des attitudes de défiance vis-à-vis des parlements nationaux, des partis politiques et des élus.

Analysant la variation du revenu réel des différentes catégories de population depuis le début des années 1980, l'économiste Branko Milanović a montré que les travailleurs les moins qualifiés des démocraties occidentales ont vu leur part dans la distribution des revenus s'éroder dramatiquement au cours des trois dernières décennies. À l'extrémité haute de la distribution des revenus, on trouve les *happy few* : une grande partie des fruits de la croissance a été concentrée dans les mains des 1 % les plus riches, comme le révélait aussi Thomas Piketty dans *Le Capital au XXIᵉ siècle*[2].

1. Ronald Inglehart et Pippa Norris, *Cultural Backlash : Trump, Brexit, and Authoritarian Populism*, Cambridge, Cambridge University Press, 2019.
2. Branko Milanović, *Inégalités mondiales. Le destin des classes moyennes, les ultra-riches et l'égalité des chances*, Paris, La Découverte, 2019. Thomas Piketty, *Le Capital au XXIᵉ siècle*, Paris, Seuil, 2013.

La mondialisation a joué un rôle décisif dans l'essor des forces antisystème. Dans une série d'articles analysant le *China Shock*[1], l'économiste du Massachusetts Institute of Technology David Autor et ses coauteurs mettent en évidence l'importance de l'ouverture au commerce international sur les destructions d'emplois dans les bastions industriels américains, conduisant à une radicalisation politique. Les employés du secteur industriel travaillant dans les États les plus exposés au commerce avec la Chine ont vu leur salaire baisser et la probabilité de perdre leur emploi fortement augmenter depuis 1990. Des effets similaires ont pu être observés en Grande-Bretagne et en Europe. À suivre Autor et ses collègues, les États américains dont les industries ont été les plus touchées par le *China Shock* ont également massivement voté pour des candidats antisystème et au discours fortement protectionniste au cours des années 2000. Les régions européennes les plus exposées au commerce avec la Chine ont suivi la même évolution en termes d'emploi et de revenu, et ont eu plus tendance à voter elles aussi pour les partis antisystème.

La révolution numérique est une autre explication du vote populiste. Une étude détaillée[2] sur les pays européens montre que les salariés dont l'emploi a le plus de risques d'être automatisé ont bien davantage voté pour la droite populiste au cours des deux

---

1. David Autor, David Dorn, Gordon H. Hanson et Jae Song, « Trade Adjustment : Worker-Level Evidence », *The Quarterly Journal of Economics*, 129 (4) : 1799-1860, 2014. David Autor, David Dorn, Gordon Hanson et Kaveh Majlesi, « Importing Political Polarization ? The Electoral Consequences of Rising Trade Exposure », *NBER Working Papers*, n° 22637, 2016.
2. Zhen Jie Im, Nonna Mayer Bruno Palier et Jan Rovny, « The "Losers of Automation" : a Reservoir of Votes for the Radical Right ? », *Research and Politics*, 2019.

dernières décennies. Ce sont surtout les classes moyennes inférieures, celles qui avaient un statut établi dans la société et qui sont directement menacées par la révolution technologique, qui se sont tournées vers les partis populistes. Les classes populaires pauvres, qui ont déjà tout perdu, se réfugient, elles, surtout dans l'abstention.

À ces risques économiques structurels s'est ajoutée la crise financière de 2008, dont les effets dévastateurs se sont fait sentir pendant plus d'une décennie dans les pays européens. Dans son livre *The Populist Temptation*[1], Barry Eichengreen souligne d'ailleurs le rôle spécifique des crises financières dans les poussées populistes au cours du dernier siècle. La hausse des taux de chômage causée par la crise de 2008 explique une part substantielle de la hausse du vote pour les partis antisystème[2]. En moyenne, le taux de chômage a augmenté de 2 points de pourcentage au sortir de la crise financière. Mais cette hausse générale cache de grandes disparités entre les régions de chaque pays, culminant à 30 % dans le nord de la Grèce et à 20 % dans le sud de l'Espagne. Il est possible d'utiliser l'hétérogénéité des taux de chômage entre régions avant et après 2008 pour isoler l'impact spécifique de la crise financière. Les effets sont massifs : une hausse de 1 point de pourcentage du taux de chômage a conduit en moyenne à une hausse de 2 à 3 points de pourcentage des votes en faveur des partis antisystème et à une réduction significative de la confiance dans les institutions. Fait important, c'est surtout la variation du taux de chômage, et non son niveau absolu, qui rend compte de l'essor des partis antisystème. Dit autrement, la percée populiste est beaucoup plus

1. Barry Eichengreen, *The Populist Temptation: Economic Grievance and Political Reaction in the Modern Era*, Oxford, Oxford University Press, 2018.
2. Yann Algan, Sergei Guriev, Elias Papaioannou et Evgenia Passari, « The European Trust Crisis and the Rise of Populism », art. cité.

importante dans une région où le taux de chômage a grimpé de 7 % à 9 % que dans une autre où il est resté stable à 10 %. L'analyse du vote pour le Brexit en Grande-Bretagne est à cet égard éclairante. Alors qu'il n'existe aucune relation apparente entre le taux de chômage et le vote en faveur du Brexit dans les différentes régions britanniques, la corrélation est fortement positive avec la hausse du taux de chômage à la suite de la crise financière. Comme le montrait déjà Richard Layard[1] dans l'analyse des déterminants du bien-être, les êtres humains sont beaucoup plus sensibles aux variations qu'au niveau de leur revenu, et en particulier aux pertes économiques.

Les transformations économiques de long terme et le choc brutal de la crise financière donnent ainsi une clé essentielle pour comprendre la montée des forces antisystème. Cette progression de la radicalité politique traduit la perte de confiance des populations les plus vulnérables aux risques économiques dans la capacité du « système » à les protéger. À gauche comme à droite, les alliances passées entre les modérés et les plus radicaux ont été brisées.

Crise culturelle

Si les risques économiques permettent d'expliquer une partie du vote en faveur des partis antisystème, ils ne suffisent pas à comprendre le partage des eaux qui s'opère entre les radicalités de gauche et de droite. La droite populiste est non seulement antisystème, mais aussi hostile aux immigrés, fascinée par des valeurs autoritaristes, très conservatrice socialement et à forte

1. Richard Layard, *Happiness : Lessons from a New Science*, Londres, Penguin UK, 2011.

teneur nationaliste. Cette poussée antilibérale concernant les valeurs est la surprise politique la plus spectaculaire de la période récente. On peut la caractériser comme le paradoxe central d'une société que l'on croyait de plus en plus tolérante, et qui soudain est tentée par des valeurs profondément illibérales.

On peut appeler « paradoxe d'Inglehart » cette montée imprévue de l'intolérance, du nom du sociologue Ronald Inglehart[1] qui avait théorisé l'idée selon laquelle les sociétés post-industrielles seraient plus tolérantes que les sociétés industrielles. Inglehart propose de distinguer deux étapes du développement des sociétés modernes : celle qui assure le passage de la société rurale à la société industrielle, et celle qui fait passer de la société industrielle à la société postindustrielle. La première rupture, du monde agraire vers le monde industriel, marque la transition d'un ordre religieux à un ordre séculier. On croyait en Dieu, on croit désormais en la Raison. Les ingénieurs remplacent les prêtres. Cette première étape reste toutefois inscrite dans une conception hiérarchique de la société. La chaîne de commandement qui va du PDG à l'ingénieur et l'ouvrier en passant par le contremaître est aussi stricte que celle qui va du roi à ses barons et à leurs paysans. Religieuses, les autorités deviennent laïques. Cette première transition correspond au « désenchantement du monde » dont parle Max Weber[2], lorsque la magie ou la foi laissent place à la raison comme principe organisateur de la société. Mais elle brise l'idéal d'émancipation des Lumières, en assignant à chacun une place fixe dans un nouvel ordre industriel aussi hiérarchique que le précédent.

1. Ronald Inglehart, *Modernization and Postmodernization: Cultural, Economic, and Political Change in 43 Societies*, Princeton, Princeton University Press, 1997.
2. Max Weber, *L'Éthique protestante et l'esprit du capitalisme*, Paris, Plon, 1964.

Pour Inglehart, ce n'est que dans un second temps que surgit la société individualiste, consécutive à la sortie du monde industriel. Dans le nouveau régime, l'affirmation de soi (la *self-expression*) s'impose comme l'élément fondateur d'une société centrée sur l'épanouissement individuel. L'éducation de masse offre à chacun les moyens intellectuels d'une pensée indépendante. L'État providence coupe le lien de dépendance matérielle entre les enfants et les parents. Les communautés de nécessité se muent en « affinités électives ». C'est dans ce cadre que la montée d'une philosophie postmatérialiste peut émerger. Éducation, urbanisation, démocratisation, bouleversement des rapports de domination homme-femme : tout concourt à une société d'autonomie et de tolérance. La société postindustrielle se libère de l'obsession qui avait marqué les sociétés antérieures, celle de la survie économique. La multiplication par dix du revenu par habitant bouleverse les termes dans lesquels les humains réfléchissent à leur vie. La part des services, relativement à celle de l'industrie, est un facteur d'explication puissant du passage des valeurs de « survie » à celles de l'autoaffirmation. L'autonomie, horizon clé de la philosophie occidentale depuis les Lumières, devient une valeur économique. La créativité est valorisée par rapport à l'autorité. Pour Inglehart, un schéma clair émerge : la société industrielle conduit à séculariser les sociétés, tout en maintenant un ordre fondamentalement hiérarchique. Ce sont les services qui favorisent, dans un second temps, l'émergence d'une société « expressive ».

Inglehart a montré la validité de ses théories au travers d'une enquête sociologique de grande ampleur, le World Values Survey, dont il a été l'un des initiateurs. À partir de nombreuses questions, il construit deux axes. Le premier oppose valeurs traditionnelles (religieuses) et valeurs séculières (laïques) à partir de questions telles que : « Est-ce que vous croyez en Dieu ? »,

« Souhaitez-vous une famille nombreuse ? », « Le divorce est-il justifié ? » Le second axe cherche à distinguer la recherche de sécurité de celle de l'autoexpression avec des questions telles que : « L'homosexualité est-elle un crime ? », « Un travail intéressant est-il plus important qu'un travail bien rémunéré ? » L'idée est que, dans un monde incertain, les gens veulent se rassurer par des institutions sociales stables (la famille, l'autorité). Lorsque le monde est plus fiable, quand l'insécurité s'éloigne, les populations se révèlent plus tolérantes, elles aspirent davantage à l'autonomie, l'autoexpression. Le respect de l'homosexualité, par exemple, est beaucoup plus prononcé chez ceux qui se réclament de valeurs postmatérialistes. À lire Inglehart, la progression des valeurs de tolérance a été spectaculaire au niveau mondial. Entre 1981, 1995 et 2014, les attitudes tolérantes vis-à-vis de l'égalité homme-femme et de l'homosexualité sont ainsi passées de 32 % à 45 %, puis 53 %. L'évolution des valeurs des Français sur le travail des femmes en offre une illustration saisissante. En 1980, seuls 25-35 % des ouvriers, agriculteurs, artisans et employés étaient favorables au travail des femmes. Aujourd'hui, ils sont entre 70 % et 80 %, et ces valeurs convergent entre toutes les classes sociales (figure 3).

Le niveau d'éducation joue aussi un rôle crucial dans la transformation du monde social. La France en donne un exemple remarquable. Jamais dans l'histoire la population française n'avait atteint un niveau éducatif aussi élevé. Lors du recensement de 2009, seuls 12 % de la population des jeunes actifs de 25-39 ans étaient sans diplôme. À l'inverse, la proportion des non-diplômés atteint 58 % chez les plus de 65 ans, cette génération qui a constitué la base du monde industriel des Trente Glorieuses. Chez les jeunes actifs de l'âge postindustriel, les diplômés du supérieur représentent plus de 50 % de leurs classes d'âge contre 13 % chez les anciennes générations du monde industriel. Ce bouleversement du monde éducatif a de profondes conséquences sur les aspirations individuelles. Mieux éduqués dans leur majorité, les citoyens du

FIGURE 3
Évolution de l'opinion en faveur du travail des femmes selon la catégorie socioprofessionnelle (1979-2016)

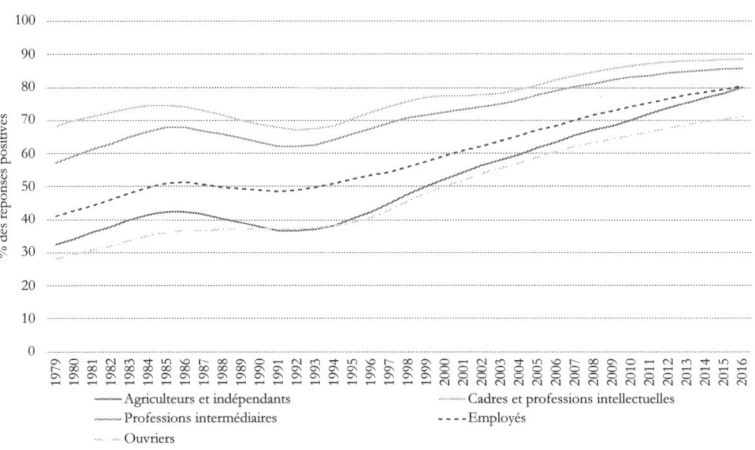

Source : enquête « Conditions de vie et aspirations des Français », CREDOC, 1979-2016.
Note : réponses à la question : « Des opinions diverses peuvent être exprimées à propos du travail des femmes. Quel est le point de vue qui semble correspondre le mieux au vôtre ? » Les réponses possibles sont 1 si le répondant indique : « Elles devraient travailler dans tous les cas où elles le désirent » ou « Elles devraient toujours travailler » ; et 0 si le répondant indique : « Elles ne devraient jamais travailler lorsqu'elles ont des enfants en bas âge », ou « Elles ne devraient travailler que si la famille ne peut vivre avec un seul salaire », ou « Elles ne devraient jamais travailler ».

monde postindustriel ont aussi changé leurs attentes. Capables de penser par eux-mêmes, d'activités culturelles autonomes, ces citoyens éduqués refusent l'autorité traditionnelle, n'acceptent plus passivement l'information comme ceux qui ne savaient que lire, et deviennent plus exigeants vis-à-vis des modes de représentation et de gouvernance démocratiques.

Comment expliquer, dans un tel contexte, la poussée illibérale dont la droite populiste est la manifestation ? Prolongeant ces analyses dans leur livre *The Cultural Backlash*, Norris et Ingle-hart[1] y voient surtout une anomalie générationnelle. À leurs yeux, le vote populiste est surtout le fait des générations les plus âgées, celles qui sont nées entre les deux guerres. Cette cohorte à l'âge de la retraite est normalement moins exposée aux risques économiques qui bouleversent notre monde. Ces personnes se révoltent pour des raisons qui tiennent surtout à la crainte que leurs valeurs culturelles traditionnelles ne soient mises à mal par l'immigration et le multiculturalisme.

Le problème de cette interprétation générationnelle est qu'elle n'est pas confirmée dans les données d'Europe continen-tale, alors même que la pression populiste y est très forte. Le cas français en donne une image saisissante : l'adhésion à l'idée qu'il faudrait un homme fort pour gouverner le pays se retrouve dans toutes les classes d'âge (figure 4).

L'explication du paradoxe d'Inglehart est toutefois conte-nue dans son analyse elle-même. À le suivre, la tolérance pro-gresse lorsque les problèmes de survie économique disparaissent. Ce qu'Inglehart prend comme une donnée – la prospérité, la sécurité économique – est précisément ce qui a été remis en question par la crise économique. Le politiste Christian Welzel[2] propose de résumer ce paradoxe sous la forme d'une crise suscitée par les promesses déçues. La sécurité économique apportée par la croissance économique et le développement de l'État providence a créé des aspirations qui vont être brisées par la montée des risques économiques. En retour, une forte désillusion s'est installée au sein des classes populaires qui ont très imparfaitement profité de la massification de l'accès à l'enseignement supérieur. Elles sont

1. Ronald Inglehart et Pippa Norris, *Cultural Backlash: Trump, Brexit and Authoritarian Populism*, *op. cit.*
2. Christian Welzel, *Freedom Rising. Human Empowerment and the Quest for Emancipation*, Cambridge, Cambridge University Press, 2013.

FIGURE 4
Valeurs autoritaristes selon l'âge

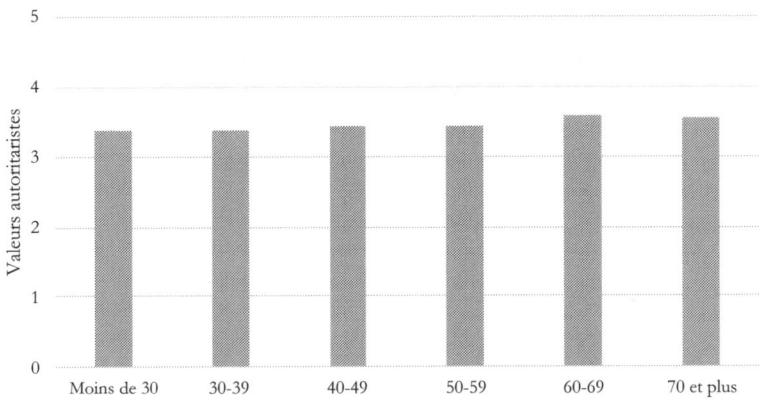

Source : Enquête électorale française, CEVIPOF.
Note : moyenne pondérée des niveaux d'accord avec la phrase : « La France devrait avoir à sa tête un homme fort qui n'a pas à se préoccuper du Parlement ou des élections » sur une échelle de 1 (« Pas du tout d'accord ») à 5 (« Tout à fait d'accord »).

devenues les perdantes de la mondialisation et de la révolution technologique, davantage que les générations passées. Deux forces contraires sont ainsi probablement à l'œuvre. Les générations plus âgées, pourtant moins touchées par ces phénomènes, sont plus enclines à adopter des postures antilibérales. Les générations les plus jeunes, a priori plus tolérantes, sont frappées de plein fouet par les dérèglements du capitalisme.

Défiance et mal-être

Ce sont en fait non seulement les perdants de la nouvelle économie, mais encore les perdants de la « société des individus » qui trouvent dans le populisme l'expression politique de leur ressentiment. La société postindustrielle a conduit à plus d'autonomie ainsi qu'à un éclatement des structures sociales traditionnelles. Cette véritable rupture anthropologique a gagné toutes les dimensions de la vie sociale, qu'il s'agisse du travail, des structures familiales ou encore des territoires, dans tous les pays occidentaux. Dans une enquête au long cours, *Bowling Alone*, sur la société américaine, le politiste Robert Putnam[1] montre que les liens sociaux, le capital social, ont tant décliné que les Américains se rendent maintenant seuls même au bowling…

L'un des exemples les plus frappants concernant l'éclatement du cadre familial est donné par le sociologue Jean Viard[2] : 60 % des bébés sont nés hors mariage en France en 2018. Un demi-siècle plus tôt, en 1968, ils n'étaient que 6 %. Un mariage sur deux en Île-de-France se termine par un divorce au bout de cinq ans. Les mêmes tendances s'observent dans toutes les grandes métropoles européennes et américaines. En l'espace de cinquante ans, l'ensemble du cadre qui régissait les structures familiales depuis des siècles a été bouleversé. Cette rupture peut être considérée comme l'aboutissement de l'émancipation des individus, et en particulier des femmes. Mais, sans politiques publiques adaptées, elle provoque aussi une plus grande fragilité face aux risques économiques. Au seuil de pauvreté établi à 60 % du revenu médian, 35 % des familles monoparentales sont pauvres, dont 80 % de femmes avec enfants[3]. La surreprésentation des mères célibataires parmi les Gilets jaunes en est la trace.

1. Robert D. Putnam, *Bowling Alone : The Collapse and Revival of American Community*, New York, Simon & Schuster, 2000.
2. Jean Viard, *L'Implosion démocratique*, Paris, L'Aube, 2019.
3. Observatoire des inégalités, « Famille monoparentale rime souvent avec pauvreté », 30 novembre 2017.

Le monde du travail a connu le même processus de désaffiliation. Dans l'analyse d'Inglehart, la tertiarisation de l'économie devait renforcer le trait humaniste des sociétés avancées, les services étant le siège de relations humaines plus riches. Mais la société postindustrielle conduit à une recomposition profonde des modes de sociabilité au travail. Le travailleur moderne est davantage un nomade, un « nomade du tertiaire » en perpétuelle transhumance. À lire Bruno Latour[1], nous serions devenus des « migrants de l'intérieur » : « Si l'angoisse est si profonde, c'est parce que chacun d'entre nous commence à sentir le sol se dérober sous ses pieds. Nous découvrons que nous sommes tous en migration vers des territoires à redécouvrir et à réoccuper. » La société postindustrielle promettait l'émancipation des hiérarchies anciennes, elle a surtout creusé la solitude sociale et le sentiment d'insécurité. Et, loin de préparer une société d'autonomie et de liberté, elle a renforcé le besoin de protection.

Dans son livre *L'Égalité des possibles*[2], l'économiste Éric Maurin a analysé la condition ouvrière en soulignant la transformation du monde ouvrier qui s'est finalement produite. À côté des ouvriers de « type industriel », il faut compter une part croissante d'ouvriers de type artisanal et d'une autre catégorie regroupant ceux qui sont affectés à la logistique (chauffeurs, manutentionnaires). Les ouvriers de ces deux derniers groupes sont plongés dans des contextes de plus en plus informels, plus proches du client et de la demande finale que le prolétariat industriel. Celui-ci travaillait sur les chaînes de montage et dans les ateliers de production des très grands établissements de l'industrie lourde. Les ouvriers du type artisanal travaillent dans

1. Bruno Latour, *Où atterrir ? Comment s'orienter en politique*, Paris, La Découverte, 2017, p. 4.
2. Éric Maurin, *L'Égalité des possibles. La nouvelle société française*, Paris, Seuil, 2002.

des entreprises plus petites ou dans les services aux (grandes) entreprises. Ils se retrouvent typiquement dans les métiers du bâtiment, de l'alimentaire, ou dans les services de maintenance-réparation. C'est cette « nouvelle classe ouvrière » qui s'affirme dans le monde postindustriel des services. C'est en son sein que s'expriment le plus fortement les sentiments de solitude et de mal-être social, et c'est de cette classe que sont issus nombre de ceux qui se retrouvent dans le mouvement des Gilets jaunes.

Au-delà des transformations sociodémographiques et sociopolitiques à l'œuvre depuis une trentaine d'années, de nouveaux clivages d'ordre subjectif et d'ordre émotionnel sont apparus, permettant de mieux comprendre les logiques du vote qui dépassent une forme de déterminisme sociologique. Le premier élément tient au sentiment de mal-être des électeurs antisystème, opposé au bien-être de leurs adversaires. Contrairement à l'idée selon laquelle le vote serait principalement déterminé par l'appartenance à une classe sociale, caractérisée par une occupation socioprofessionnelle ou un niveau de revenu, les dernières grandes élections en France font apparaître une opposition de plus en plus marquée entre les pessimistes et les optimistes. Les premiers votent Le Pen, les seconds Macron.

La figure 5, en cahier central, montre que ceux qui se disent peu satisfaits dans leur vie ont une probabilité beaucoup plus forte de voter pour Le Pen, quel que soit leur niveau de revenu.

Le mal-être est le terreau sur lequel prospèrent les forces antisystème, aussi bien la gauche radicale que la droite populiste. Mais comment s'organise le partage entre ces deux électorats ? Une variable décisive pour la comprendre est le degré de confiance interpersonnelle des électeurs. C'est la variable que nous avons déjà mentionnée en introduction. La définition de la confiance proposée par James Coleman[1], l'un des pères fondateurs de la littérature sur le capital social, est la suivante : « Un individu est confiant s'il met des ressources à disposition d'une autre partie, en l'absence d'un contrat formel, en espérant en retirer des bénéfices. » La défiance exprimée dans les enquêtes mesure la peur d'être trahi par autrui. Elle permet de mesurer différents niveaux de confiance, du privé au social. À titre d'exemple, les Français se déclarent très défiants envers les autres en général dans les différentes enquêtes internationales. En revanche, ils témoignent d'un niveau de confiance élevé à l'endroit de leur famille et de leurs amis[2]. La capacité à coopérer avec les autres « en général », la confiance interpersonnelle, est toutefois décisive pour l'existence d'un contrat social et d'une démocratie[3]. C'est cette confiance générale en autrui que nous retenons dans le reste de notre ouvrage. Elle nous permettra de représenter l'échiquier politique d'une manière nouvelle, en nous appuyant sur les recherches les plus récentes en sciences sociales.

1. James Coleman, *Foundations of Social Theory*, Cambridge, Harvard University Press, 1990.

2. La France se classe au 58e rang sur l'échelle de la confiance, au sein des 97 pays couverts par la dernière vague d'enquêtes du World Values Survey, loin derrière la plupart des pays européens. L'enquête CEVIPOF de janvier 2019 révèle la distinction entre confiance dans son cercle privé et confiance interpersonnelle. Alors que 93 % des Français déclarent avoir confiance dans leur famille, seuls 30 % d'entre eux pensent que l'on peut faire confiance à la plupart des gens en général.

3. Pour la distinction entre confiance interpersonnelle et confiance de proximité restreinte à la famille, voir les travaux sur l'amoralisme familial d'Edward C. Banfield (*The Moral Basis of a Backward Society*, New York, New York Free Press, 1958), et l'opposition liens faibles et liens forts chez James Coleman (*Foundations of Social Theory, op. cit.*).

CHAPITRE 2

L'élection présidentielle française de 2017

L'élection présidentielle française de 2017 marque le point culminant de la crise de l'axe gauche-droite qui dominait l'échiquier politique depuis la fin de la Seconde Guerre mondiale. Elle est unique à plusieurs égards. Après une victoire surprise à l'élection primaire de son parti, le candidat de la droite traditionnelle, Fillon, s'est trouvé impliqué dès janvier 2017 dans des scandales portant notamment sur l'emploi présumé fictif de son épouse. À gauche, la popularité du président sortant, Hollande, était extrêmement basse. En novembre 2016, moins de six mois avant le premier tour, seuls 13 % à 17 % des électeurs français approuvaient sa présidence. Hollande attendit néanmoins jusqu'au mois de décembre pour annoncer qu'il ne se représenterait pas. Après une longue période d'incertitude, le Parti socialiste n'avait plus que quelques mois pour mener la primaire et sélectionner un candidat, consolider le soutien interne à ce candidat et préparer la campagne.

Lors du scrutin de 2017, les deux principaux partis se sont ainsi trouvés fragmentés et affaiblis comme jamais auparavant. Seuls leurs partisans les plus convaincus ont continué de les soutenir, laissant dans l'indécision nombre d'électeurs aux convictions idéologiques moins fortes. Près de la moitié des électeurs[1] se sont éloignés de l'axe traditionnel gauche-droite. Le Pen et Macron en ont tiré bénéfice : pour la première fois depuis la création de la Vᵉ République, aucun des partis traditionnels de la gauche ou de la droite n'est parvenu à porter son candidat au second tour.

Avec 7,7 millions de voix, Marine Le Pen a explosé la performance que son père avait accomplie au premier tour de l'élection présidentielle de 2002 (4,4 millions de suffrages). Quinze ans plus tard, la situation est profondément modifiée. Le succès électoral de son père n'avait pas été anticipé, et l'annonce des résultats a représenté un véritable choc dans l'opinion. L'accession de Marine Le Pen au second tour avait été au contraire totalement prévue. Dès le début de la campagne, les sondages avaient annoncé qu'elle y parviendrait.

La trajectoire de Macron a été beaucoup plus imprévisible. Déclarant sa candidature en novembre, sans parti et sans passé politique, il a réussi à créer un bloc centriste, héritier de celui qu'avait constitué François Bayrou en 2007, en y ralliant notamment les électeurs de centre gauche. Macron a en fait bénéficié d'un avantage paradoxal : la prime à l'inconnu. Ou encore la « prime à la désélection », pour reprendre l'expression de Pierre Rosanvallon[2]. Pour la première fois de l'histoire de la Vᵉ République, un

---

1. Dans cet échantillon, parmi ceux qui ont voté pour Hollande en 2012, 25 % ont voté pour Mélenchon en 2017, 17 % pour Hamon, 45 % pour Macron et 6 % pour Le Pen. Parmi ceux qui ont voté pour Sarkozy en 2012, 19 % ont voté pour Macron, 55 % pour Fillon et 15 % pour Le Pen. Cela signifie que, schématiquement, 45 % des voix de la droite et 51 % des voix de la gauche se sont éloignées de l'axe traditionnel gauche-droite.
2. Pierre Rosanvallon, *La Contre-Démocratie. La politique à l'âge de la défiance*, Paris, Seuil, 2006.

candidat s'est affranchi des règles d'airain qui conditionnaient les chances de victoire au soutien d'un parti politique, à l'existence d'un maillage territorial d'élus locaux soutenant le candidat et à la réussite par le passé de l'examen du suffrage universel. Les électeurs français ont massivement rejeté une telle conception de la politique après deux quinquennats successifs qui ont fait de la défiance une marque de fabrique du rapport des Français à la politique.

Afin d'analyser la nouvelle polarisation politique que cette élection a créée, ce livre utilise une base de données unique, collectée par le CEVIPOF à Sciences Po. Elle est constituée d'un panel d'environ 24 000 personnes interrogées depuis novembre 2015 en France. Des enquêtes mensuelles ont été mises en place tout au long de cette période jusqu'en juin 2017. Les milliers de questions incluent des indicateurs objectifs, tels que les niveaux de diplôme et de revenu, mais également des informations sur le contexte familial, les attentes et les préférences en matière de politiques publiques. Élément important pour notre étude, la base de données comprend un grand nombre de questions sur le bien-être subjectif (satisfaction dans la vie aujourd'hui et vis-à-vis des perspectives futures, par exemple), la confiance (confiance interpersonnelle et confiance institutionnelle) et les valeurs politiques (attitudes envers les immigrés, la justice sociale, la redistribution ou encore l'homosexualité).

La fin de l'axe gauche-droite ?

Historiquement, le clivage gauche-droite prend racine pendant la Révolution française lors des débats de l'Assemblée constituante à l'été 1789. D'un côté, les députés favorables à la Révolution s'installent à gauche du président de l'Assemblée. De

LES ORIGINES DU POPULISME

l'autre, les députés partisans d'un droit de veto absolu accordé au roi et hostiles à la Révolution prennent place à droite dans la salle du Manège des Tuileries. Derrière ce symbole spatial, c'est une longue histoire qui a conduit à donner un sens politique au clivage gauche-droite, le point d'orgue étant l'affaire Dreyfus à la fin du XIXe siècle et la naissance du Bloc des gauches en 1899. Aujourd'hui, la démocratie électorale continue d'opposer deux visions de la société : les partis de gauche défendent les valeurs de justice et de progrès social, et les partis de droite promeuvent l'ordre et la sécurité. Droite et gauche sont devenues des catégories universelles de la politique.

L'histoire des élections présidentielles françaises sous la Ve République a incarné et fait vivre un tel clivage en opposant des candidats appartenant à ces deux familles politiques. Face à une telle offre, les électeurs manifestent sans difficulté une proximité idéologique pour l'une des deux familles : 93 % des personnes interrogées se positionnaient en avril 2017 sur un tel axe. La figure 6 montre l'autopositionnement, sur l'axe gauche-droite, des électeurs. On voit que l'électorat de Le Pen se positionne à droite, quasiment au même niveau que celui de Fillon en 2017, que les électeurs de Macron se situent au centre et que ceux de Mélenchon et de Hamon se situent au même niveau de gauche autodéclarée.

Ce continuum est cependant insuffisant pour cartographier l'électorat, car il est en grande partie tautologique : « Je suis à gauche, donc je vote à gauche… » Cela ne dit pas grand-chose des raisons de cet attachement et de la manière dont il évolue au fil du temps. L'autopositionnement des électorats a beaucoup changé. Les ouvriers qui votaient majoritairement pour la gauche en 1981 votent majoritairement pour l'extrême droite lorsqu'ils consentent à prendre part au vote aujourd'hui[1].

---

1. Alors que 20 % des ouvriers s'abstenaient en 1981 (2 points de plus que la moyenne nationale), ce taux a grimpé à 26,5 % en 2017 (5 points de plus que la moyenne).

FIGURE 6
Vote au premier tour des élections présidentielles
de 2012 et de 2017 et autopositionnement politique

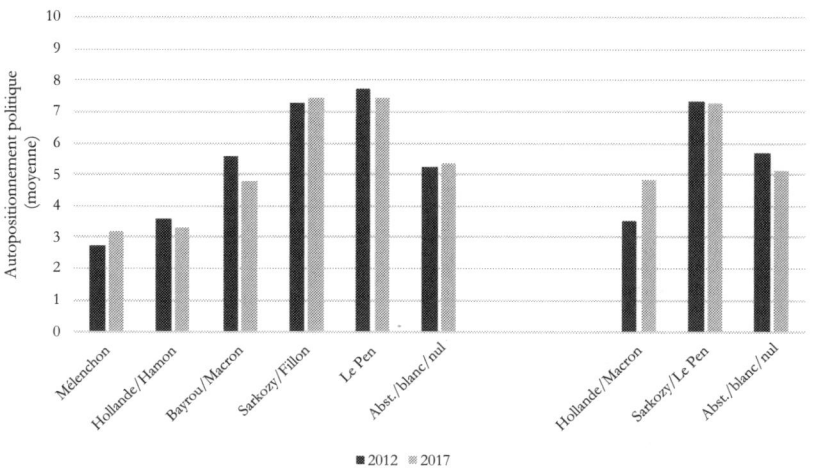

Source : *Enquête électorale française, CEVIPOF.*
Note : *moyenne pour chaque électorat de l'autopositionnement sur l'axe gauche-droite. L'échelle varie de 0 (extrême gauche) à 10 (extrême droite).*
Lecture : *en 2012, les électeurs de Hollande se positionnaient en moyenne à 3,6 contre 3,2 pour les électeurs de Hamon en 2017.*

Éducation et revenu

Pour avancer dans l'analyse, représentons tout d'abord la manière dont se structure l'échiquier politique, sous la forme d'un axe à deux dimensions, en fonction du revenu et de l'éducation. La figure 7 montre le nombre moyen d'années d'études (axe vertical) et le revenu mensuel moyen (axe horizontal) de ceux qui ont voté pour les principaux candidats et des abstentionnistes.

FIGURE 7
Revenu et niveau d'éducation moyens des électeurs
de chaque candidat lors du premier tour des
élections présidentielles de 2012 et de 2017

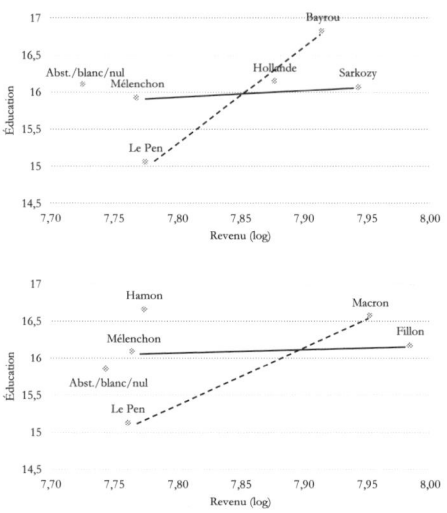

Source : Enquête électorale française, CEVIPOF.
Note : moyenne pondérée des réponses des électeurs de chaque candidat. Le niveau d'éducation est exprimé en années d'études. Les données sur le revenu sont codées par tranche, donnant lieu à une estimation du niveau de revenu. Les résultats sont robustes à différentes spécifications pour le revenu et l'éducation.

La comparaison entre les élections de 2012 et de 2017 est frappante. À l'exception de François Hollande remplacé par Benoît Hamon, le profil sociodémographique des électeurs est remarquablement stable pour tous les groupes. Les électeurs de Le Pen ont le même profil (malgré la hausse des voix en sa faveur) : ils disposent de niveaux de revenu et de diplôme beaucoup plus bas que la moyenne. À l'inverse, les électeurs de Bayrou en 2012 et de Macron en 2017 bénéficient de niveaux de diplôme et de revenu élevés. Les électeurs de Mélenchon et les abstentionnistes se caractérisent, les deux fois, par des niveaux de diplôme médians, mais des revenus plus faibles. Les électeurs de Sarkozy et de Fillon ont eux aussi des niveaux de diplôme médians, mais des revenus plus élevés. Seule la position occupée par Hollande a disparu. En 2012, il était véritablement au cœur de l'échiquier politique, son électorat se situait au centre en termes d'éducation et de revenu. Ce ne sera plus le cas du candidat Hamon pour le Parti socialiste en 2017, dont les électeurs ont des niveaux de diplôme bien supérieurs à la moyenne, en dépit ici aussi d'un revenu faible.

En 2017, deux axes différents se dégagent ainsi de manière nette. L'un est l'axe qui va de Mélenchon à Fillon. Leurs électeurs partagent les mêmes niveaux de diplôme, mais les uns sont pauvres tandis que les autres sont riches. Il n'est pas surprenant que l'un des principaux marqueurs de leur opposition soit la question de la redistribution. Comme le montre l'analyse économétrique, c'est ce sentiment d'injustice qui pousse les électeurs de Mélenchon à soutenir la redistribution : leurs revenus sont moindres que ce qu'ils estiment devoir gagner, compte tenu de leurs niveaux de diplôme. Et c'est exactement le contraire pour les électeurs de Fillon. Comme nous le verrons au chapitre IV, l'axe Mélenchon-Fillon hérite des oppositions classiques de l'axe gauche-droite.

L'autre axe s'étend de Le Pen à Macron. C'est l'opposition « perdants-gagnants », aussi bien en termes de diplômes que de revenus. L'un des messages principaux de notre ouvrage est que les termes de cette opposition sont très différents de la polarisation gauche-droite traditionnelle. Aucun de ces deux camps ne semble par exemple véritablement concerné par les problèmes de redistribution. Ainsi, la réponse à la question présentée en introduction : « Faut-il prendre aux riches pour redistribuer aux pauvres ? » indique que ni les électeurs de Macron ni ceux de Le Pen ne sont particulièrement intéressés par les questions de redistribution. Leurs lignes d'affrontement portent sur la question des frontières, qu'il s'agisse de la mondialisation en général ou de l'Europe en particulier. C'est davantage la question de la protection que celle de la redistribution qui est au cœur de cette opposition, parfois qualifiée d'axe « ouvert-fermé ».

Bien-être et confiance

Pour progresser dans la compréhension de ces convergences et oppositions en partie paradoxales, nous utilisons deux variables : le bien-être (la satisfaction dans la vie) et la confiance en autrui. Ces variables subjectives ont été largement sous-estimées dans la recherche sur les déterminants du vote, jusque-là focalisée sur les composantes sociodémographiques et idéologiques. Ces variables vont nous permettre de préciser la nature de l'axe Le Pen-Macron, et la manière dont il se distingue de l'ancien axe gauche-droite.

Le bien-être est mesuré à partir d'une série de questions subjectives : « Êtes-vous heureux ces jours-ci ? », « Êtes-vous satisfait de votre vie en général ? », « Quand vous pensez à ce que vous allez vivre dans les années à venir, êtes-vous satisfait de cette perspective ? » Les réponses s'échelonnent sur une échelle variant de 0 pour « très insatisfait », ou « très malheureux », à 10 pour « très satisfait » ou « très heureux ». Ces questions ont été popularisées dans les différentes enquêtes internationales depuis les années 1970 afin de mesurer la perception subjective des individus sur leur niveau de bien-être, au-delà de leur revenu. Les réponses fournies par les répondants sont très corrélées à des indicateurs objectifs de bien-être tels que la santé et l'espérance de vie[1].

1. Voir l'ouvrage de Richard Layard, *Happiness : Lessons from a New Science*, *op. cit.*, et Richard Wilkinson et Kate Pickett, *Pourquoi l'égalité est meilleure pour tous*, Paris-Namur, coédition Étopia, Institut Veblen et Les Petits Matins, 2013.

L'ambition de mesurer ce qui compte vraiment pour les citoyens, grâce à ces questions, permet toutefois de dépasser les limites du simple revenu et du PIB pour saisir les problèmes environnementaux, les inégalités, la bonne gouvernance, la qualité des relations sociales, autant de dimensions essentielles à la vie mais qui ne font pas l'objet d'échanges marchands[1]. Considérée avec suspicion au début, la recherche en ce domaine a connu une croissance extrêmement rapide depuis les années 1990, dans les enquêtes nationales de statistiques et auprès des gouvernements pour guider leurs politiques publiques. En revanche, sa pertinence pour comprendre les préférences politiques a été jusqu'à maintenant sous-estimée.

La confiance interpersonnelle définit la manière dont une personne s'inscrit dans des rapports à autrui. Pour la mesurer, nous utilisons la question déjà présentée dans le chapitre introductif : « D'une manière générale, diriez-vous que l'on peut faire confiance à la plupart des gens ou qu'on n'est jamais assez prudent quand on a affaire aux autres ? » Cette question est devenue la référence dans les enquêtes internationales pour mesurer le niveau de confiance d'un individu, à savoir sa capacité à coopérer. Elle est de fait très corrélée à la façon dont les individus coopèrent les uns avec les autres, comme l'illustrent les expériences sur les jeux de confiance en sciences comportementales[2]. On doit au politiste

1. Comme le regrettait le sénateur Robert Kennedy dans un discours célèbre à l'université du Kansas en 1968, lorsqu'il était candidat à la présidentielle : « Le revenu ne mesure pas la beauté de notre poésie, la solidité de nos mariages, l'intelligence de nos débats publics, ou l'intégrité de nos hommes politiques. »
2. Le jeu de confiance mesure la coopération entre deux individus. Un « envoyeur », doté d'une somme d'argent, peut décider de faire bénéficier un « receveur » de tout ou partie de cette somme. Le montant envoyé est triplé par un arbitre extérieur, puis remis au receveur. Celui-ci rend alors la part qu'il veut à l'envoyeur. On mesure la « confiance en autrui » par le montant envoyé initialement par l'envoyeur, et le « comportement de réciprocité »

de Harvard Robert Putnam d'avoir popularisé l'importance de la confiance pour comprendre la manière dont les sociétés parviennent à vivre ensemble et à maintenir un contrat social[1]. La confiance est également très associée aux comportements individuels. Les personnes les moins confiantes sont moins engagées dans des relations sociales et sont en moins bonne santé physique et mentale[2]. Comme nous allons le voir, la confiance est aussi étroitement liée au sentiment de justice et de reconnaissance[3].

par le montant renvoyé par le receveur. Ce jeu et ses multiples variantes en économie expérimentale ont été utilisés dans de nombreuses situations, et sur des échantillons représentatifs de la population de pays occidentaux. Ces expériences montrent que la confiance déclarée dans les enquêtes est bien corrélée avec la coopération et la réciprocité observées dans ces jeux. Voir Yann Algan, « Trust and Social Capital », in *For Good Measure. Advancing Research on Well-being Metrics Beyond GDP*, OECD, 2018.

1. Selon le prix Nobel d'économie en 1972, Kenneth Arrow, l'absence de coopération a aussi un coût économique considérable : « Virtuellement, tout échange commercial contient une part de confiance, comme toute transaction qui s'inscrit dans la durée. On peut vraisemblablement soutenir qu'une grande part du retard de développement économique d'une société est due à l'absence de confiance réciproque entre ses citoyens. » L'intuition d'Arrow a été confirmée par une multitude de travaux qui ont mis en lumière la relation entre la confiance et une variété de phénomènes économiques tels que l'investissement et l'innovation, le développement des échanges entre pays, la taille et l'organisation des entreprises ou encore la croissance (voir la revue de littérature économique de Yann Algan et Pierre Cahuc, « Trust, Growth and Well-Being : New Evidence and Policy Implications », *Handbook of Economic Growth*, 2014).

2. John F. Helliwell et Shun Wang , « Trust and Well-Being », *NBER Working Paper*, n° 15911, 2010. Ichiro Kawachi et Lisa F. Berkman, « Social Capital, Social Cohesion, and Health », *Social Epidemiology*, New York, Oxford University Press, 2014.

3. L'expérience du jeu de l'ultimatum en psychologie expérimentale en offre une illustration saisissante. Elle met aux prises deux participants qui doivent s'entendre sur le partage de 10 euros : le premier décide seul du partage, à prendre ou à laisser. Mais, si le second participant considère que

Les indicateurs de bien-être et de confiance permettent de représenter l'échiquier politique de manière très frappante. La figure 8 ventile les électorats selon ces deux mesures.

FIGURE 8

Satisfaction dans la vie et confiance interpersonnelle selon le vote au premier tour de l'élection présidentielle 2017

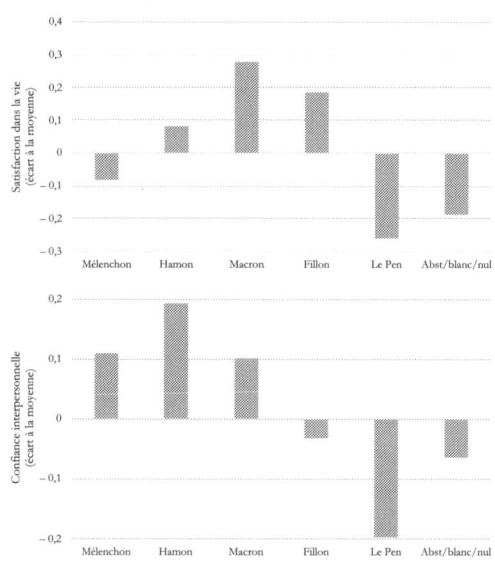

Source : Enquête électorale française, CEVIPOF.
Note : moyenne pondérée des réponses aux questions suivantes : « Dans quelle mesure êtes-vous satisfait de la vie que vous menez (sur une échelle de 0 à 10) ? » ; « D'une manière générale, diriez-vous que l'on peut faire confiance à la plupart des gens (1) ou que l'on n'est jamais assez prudent quand on a affaire aux autres (0) ? »

l'offre est injuste et refuse la somme partagée, aucun des deux ne perçoit rien. Cette expérience, menée aux quatre coins du globe, montre que si la seconde personne se voit offrir moins du tiers de la somme, elle préférera refuser, bien que personne n'y gagne rien d'un point de vue économique. Les individus placeraient donc la reconnaissance et le sentiment de justice sociale au-dessus des enjeux économiques.

Sans surprise, au vu de leur revenu et éducation, les électeurs de Macron expriment une confiance interpersonnelle et un bien-être élevés, tandis que les électeurs de Le Pen ont à la fois les niveaux de confiance et de bien-être les plus bas. Plus surprenante est la ligne Mélenchon-Fillon. Les électeurs de Mélenchon affichent un niveau de bien-être faible, mais une confiance interpersonnelle élevée. Les électeurs de Fillon sont dans une situation exactement inverse : ils ont un niveau de bien-être élevé, mais une confiance interpersonnelle faible. On notera que les niveaux de bien-être des électeurs de Mélenchon, quoique faibles, sont supérieurs à ceux des électeurs de Le Pen, malgré un niveau de revenu équivalent. Les niveaux d'éducation et de confiance plus élevés de l'électorat de Mélenchon expliquent en partie cet écart, inhabituel, entre bien-être et revenu. L'électorat de Hamon est tout en haut du podium. Malgré, ici encore, des niveaux de revenu en deçà de la moyenne, c'est un électorat dont le niveau de confiance interpersonnelle est le plus élevé de tous. Les abstentionnistes sont de l'autre côté, leur niveau de confiance est bas, quoique pas aussi faible que celui des électeurs de Le Pen.

Le graphique suivant (figure 9) confirme que Le Pen est bien la candidate de la France malheureuse et Macron celui de la France satisfaite. Parmi les personnes les plus insatisfaites, un tiers ont voté pour Le Pen au premier tour. À l'autre extrême, parmi les gens très satisfaits de leur vie, plus d'un tiers ont voté pour Macron. Le vote Mélenchon est quant à lui moins polarisé.

La figure 10, en cahier central, rassemble les deux dimensions subjectives, bien-être et confiance, sur un même plan, représentant chaque électorat en fonction de la satisfaction dans la vie et de la confiance interpersonnelle. Chaque candidat occupe un quart nettement distinct des autres de l'espace politique. À lire cette figure, on voit clairement à l'œuvre l'éclatement de l'électorat, satisfaits et insatisfaits d'un côté, confiants et méfiants de l'autre,

FIGURE 9
Mal-être et vote présidentiel (premier tour, avril 2017)

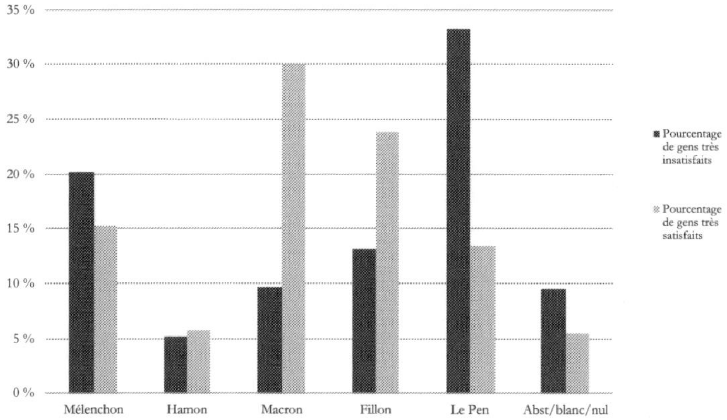

Source : *Enquête électorale française*, CEVIPOF.

Note : *« Très satisfaits » regroupe les personnes ayant déclaré une satisfaction de vie de 8 ou plus sur une échelle de 0 à 10, et « très insatisfaits » regroupe ceux qui ont déclaré une satisfaction de vie inférieur à 3.*

donnant lieu à quatre possibilités dans lesquelles chaque camp se positionne.

L'analyse économétrique du vote confirme le rôle décisif du bien-être et de la confiance interpersonnelle, au-delà du revenu et de l'éducation, pour comprendre le vote des électeurs. Dans un seul cas, celui de l'électorat de Fillon, les variables subjectives jouent un rôle beaucoup plus faible que les variables tradition-nelles que sont la religion, le revenu et l'éducation… C'est le signe que les déterminants sociaux du vote n'ont pas disparu pour l'électorat de la droite traditionnelle. Dans le cas de Le Pen, à l'inverse, la confiance interpersonnelle joue un rôle primordial. C'est également le cas, dans une moindre mesure, du vote des électeurs de Macron. Les reports entre le premier et le second tour de l'élec-tion confirment l'analyse. Les électeurs de Mélenchon qui se sont reportés sur Le Pen sont ceux qui en partagent les caractéristiques, avec un niveau bas de bien-être et de confiance interpersonnelle (figure 11).

FIGURE 11

Migrations des voix entre le premier et le second tour de l'élection présidentielle de 2017, en fonction de la satisfaction dans la vie et de la confiance interpersonnelle

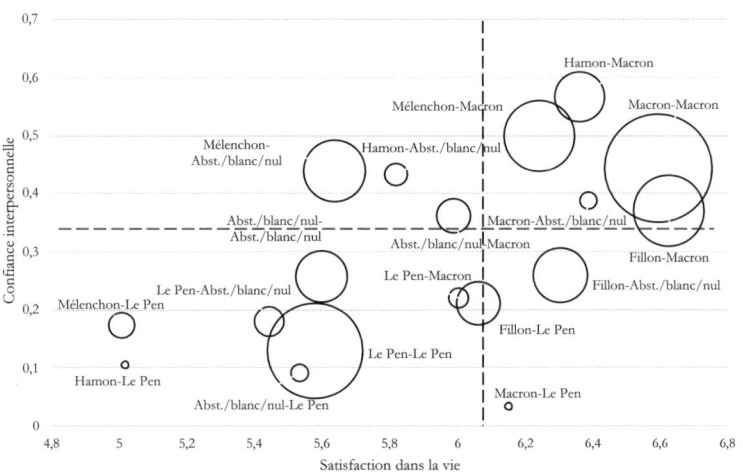

Source : Enquête électorale française, CEVIPOF.
Note : les légendes indiquent la direction de la migration des voix entre le premier et le second tour de l'élection. La taille des cercles symbolise l'ampleur des migrations, c'est-à-dire la part relative d'électeurs enquêtés dans chaque combinaison.

Nous reprendrons plus en détail l'analyse de ces facteurs au chapitre VI, où nous mettrons également en perspective historique le vote de 2017 relativement aux votes qui se sont succédé depuis 1981.

Les deux axes

On voit ainsi apparaître plusieurs manières de représenter le champ politique français. L'un est l'axe gauche-droite traditionnel, au sens large, celui que révèlent les électeurs lorsqu'on les interroge sur leur autopositionnement, qui va de Mélenchon à Le Pen en passant par Macron. Comme nous le verrons au chapitre IV, ce positionnement est surtout le reflet de préférences culturelles, la question de l'immigration en étant emblématique. Mais d'autres lignes de force apparaissent très clairement aussi : un axe gauche-droite au sens restreint, qui oppose Mélenchon et Fillon, et un axe gagnants-perdants qui oppose Macron et Le Pen[1]. Le tableau suivant, qui montre les corrélations des votes entre électorats (estimées au niveau communal), confirme ces lignes de force.

On voit apparaître très nettement l'opposition entre Mélenchon et Fillon d'un côté, et entre Macron et Le Pen de l'autre. On notera au passage que l'électorat de Hamon est plus proche à cet égard de celui de Macron que de celui de Mélenchon. On voit aussi qu'en 2012 Mélenchon et Hollande étaient en première ligne contre Sarkozy, dans un affrontement gauche-droite classique, tandis que Bayrou et Hollande se partageaient l'opposition à Le Pen, annonciatrice du clivage de 2017. Pour saisir la signification de ces différentes oppositions, nous allons revenir tout d'abord sur la manière dont se constitue la subjectivité des électeurs, en matière de bien-être et de confiance, afin de saisir

---

1. L'opposition gagnants-perdants se rapproche des clivages analysés par Lipset et Rokkan eu égard à leur catégorie centre-périphérie, les autres clivages principaux qu'ils considèrent sont : Église/État, urbain/rural, propriété/travail, que nous retrouverons aussi au chapitre VI. Seymour Martin Lipset et Stein Rokkan, *Party Systems and Voter Alignments : Cross-National Perspectives*, New York, Free Press, 1967.

le champ de forces idéologiques qui structurent l'échiquier politique contemporain.

TABLEAU 2

**Corrélations entre les suffrages exprimés
pour chaque candidat au premier tour de l'élection
présidentielle de 2017 (données communales)**

	2017				
	Mélenchon	Hamon	Macron	Fillon	Le Pen
Mélenchon	x				
Hamon	0,49	x			
Macron	0,03	0,6	x		
Fillon	− 0,66	− 0,22	0,26	x	
Le Pen	− 0,27	− 0,68	− 0,85	− 0,32	x

	2012				
	Mélenchon	Hollande	Bayrou	Sarkozy	Le Pen
Mélenchon	x				
Hollande	0,51	x			
Bayrou	− 0,42	− 0,2	x		
Sarkozy	− 0,71	− 0,64	0,35	x	
Le Pen	− 0,14	− 0,54	− 0,42	− 0,15	x

Source: Résultats électoraux, ministère de l'Intérieur.
Note: les corrélations sont obtenues sur la base des suffrages exprimés. Une corrélation est comprise entre − 1, quand les scores vont en sens contraire, et + 1, quand ils varient dans le même sens.
Lecture: il existe une corrélation de 49 % entre les suffrages exprimés pour le candidat Mélenchon et ceux pour le candidat Hamon à l'échelle communale.

CHAPITRE 3

Individus et classes sociales

Le rôle des classes sociales a profondément évolué au cours des dernières décennies. Nous montrerons au chapitre VI que les caractéristiques individuelles des électeurs (revenu, éducation ou facteurs subjectifs tels la confiance et le bien-être) expliquent bien davantage leur vote que les catégories socioprofessionnelles auxquelles ils appartiennent. La manière dont la subjectivité des individus se constitue, en revanche, reste profondément ancrée dans leur trajectoire professionnelle, à côté d'autres facteurs, plus familiaux ou régionaux. Ce sont ces éléments que nous abordons ici, de manière à analyser ensuite comment se forment leurs idéologies, et finalement leurs appartenances politiques.

Classes et confiance

Le vote pour le FN coalise majoritairement des ouvriers et des employés (tableau 3). Mais est-ce en tant qu'ouvriers et employés que les classes populaires votent pour le FN, ou est-ce en tant que dépositaires d'un plus grand malheur individuel ?

TABLEAU 3
Répartition des suffrages exprimés au premier tour
de l'élection présidentielle 2017, par catégorie
professionnelle (en pourcentage)

	Autres candidats	Mélenchon	Hamon	Macron	Fillon	Le Pen	Total
Agriculteurs	11	12	10	17	25	25	100
Prof. indépendantes	11	16	4	21	22	26	100
Cadres	7	18	8	34	22	12	100
Prof. intermédiaires	9	24	9	28	14	16	100
Employés	11	21	7	20	14	28	100
Ouvriers	11	24	4	17	9	36	100
Retraités	7	14	5	25	32	17	100
Autres, Inactifs	9	25	7	22	14	23	100
Total	9	20	6	24	20	21	100

Source : Enquête électorale française, CEVIPOF.
Note : les résultats sont arrondis à l'unité près.
Lecture : parmi les agriculteurs ayant voté au premier tour de l'élection présidentielle de 2017, 25 % ont voté pour Le Pen.

Une analyse du bien-être et de la confiance par occupation professionnelle fait apparaître une relation quasi linéaire entre les deux indicateurs (figure 12). Des heureux aux malheureux, des confiants aux méfiants : la relation entre les catégories socio-professionnelles, la confiance et le bien-être est mécanique, alors qu'elle ne l'est pas, comme on l'a vu au chapitre précédent, quand on regroupe les personnes selon leurs convictions politiques. La vie politique se nourrit d'alliances ouvertes, permettant aux individus d'échapper à leur condition sociale, ce que ne permet pas la vie professionnelle.

FIGURE 12
Confiance interpersonnelle et satisfaction dans la vie, par groupe professionnel

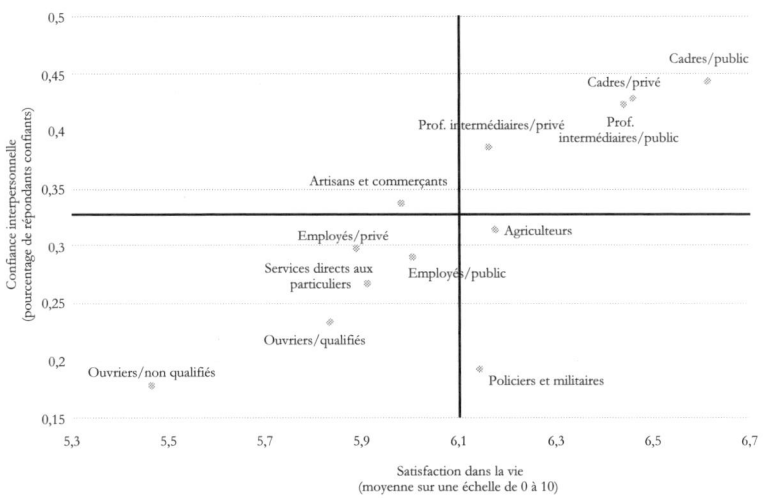

Source: *Enquête électorale française, CEVIPOF.*
Note: *moyenne pondérée des réponses par activité professionnelle. Confiance interpersonnelle: « D'une manière générale, diriez-vous que l'on peut faire confiance à la plupart des gens (1) ou que l'on n'est jamais assez prudent quand on a affaire aux autres (0)? » Satisfaction dans la vie: « Dans quelle mesure êtes-vous satisfait de la vie que vous menez (sur une échelle de 0 à 10)? » Les lignes horizontales et verticales représentent la moyenne pour chaque question.*

La démarcation entre confiants et méfiants se situe au niveau des artisans et commerçants. En dessous de ce seuil, on retrouve les ouvriers non qualifiés, les emplois de services aux particuliers ou les employés qui témoignent de niveaux de bien-être et surtout de confiance plus faibles que la moyenne. On note aussi le très bas niveau de confiance interpersonnelle des policiers et des militaires, alors même qu'ils témoignent d'un niveau de bien-être légèrement supérieur à la moyenne. À l'inverse, les cadres manifestent des niveaux de confiance et de bien-être élevés.

Les cadres et les professions intermédiaires de la fonction publique se caractérisent par des niveaux de bien-être et de confiance plus élevés que leurs collègues du privé. On tient ici l'une des raisons pour lesquelles les électeurs de gauche sont plus confiants : ils sont davantage imprégnés par une culture liée à la fonction publique. Ce point doit toutefois être immédiatement corrigé par le fait que Le Pen réalise de bons scores aussi dans la fonction publique (en particulier parmi les fonctionnaires de catégorie C). Les fonctionnaires qui votent Le Pen n'appartiennent néanmoins pas aux mêmes catégories que celles qui votent Mélenchon. Les premiers se recrutent surtout parmi les professions du secteur public qui assurent l'ordre et la sécurité, les militaires et les policiers par exemple ; les seconds se comptent surtout parmi les professionnels de la santé et de l'éducation. Cela montre que la fonction publique est elle-même une catégorie trop large pour saisir la manière dont la gauche tend à en capter les voix. Sans doute faut-il l'appréhender autrement que comme un statut et davantage comme l'adhésion à un système de valeurs.

La relation statistiquement très forte entre la classe professionnelle d'un côté et bien-être et confiance interpersonnelle de l'autre peut résulter d'une multitude de facteurs : les conditions de travail, le prestige social ou plus mécaniquement la rémunération et le niveau d'éducation. Concernant le bien-être, l'analyse statistique montre qu'il s'explique surtout par le *niveau de revenu relatif d'une personne*, à savoir la différence entre ce que cette personne gagne et ce que gagnent ses proches, amis, collègues, voisins, etc. Ce résultat est lié au paradoxe d'Easterlin[1], selon

---

1. Richard Easterlin, « Does Economic Growth Improve the Human Lot? Some Empirical Evidence », in *Nations and Households in Economic Growth*, New York, Academic Press, 1974. Pour les développements récents autour de ce paradoxe, voir notamment l'ouvrage dirigé par Andrew Clark

lequel la prospérité est toujours relative (on est riche ou pauvre relativement aux autres), ce qui explique notamment pourquoi, contrairement aux prédictions d'Inglehart, la venue d'un monde postmatérialiste est toujours reportée. L'éducation est également un facteur décisif pour expliquer le bien-être. Les personnes les plus diplômées affichent une satisfaction dans la vie plus grande, même en tenant compte de leur niveau de revenu. In fine, en reprenant ces différents facteurs, le bien-être est certes corrélé à la classe professionnelle des individus, mais les deux tiers de cette corrélation s'expliquent par leurs caractéristiques propres, notamment leur revenu et leur diplôme.

Le statut professionnel a en revanche un rôle beaucoup plus déterminant sur la confiance, même une fois pris en compte le revenu et l'éducation. C'est un résultat bien établi par la recherche expérimentale : la position sociale d'un individu dans la hiérarchie est l'un des prédicteurs les plus importants de son niveau de confiance dans les autres[1]. La confiance à l'égard d'autrui, lorsqu'on occupe dans sa vie professionnelle une position subalterne, est basse. Est-ce d'ailleurs un phénomène nouveau ? La figure 13 permet d'illustrer la manière dont cette méfiance a évolué au cours du temps, en comparant le degré de confiance des plus et des moins de 50 ans.

Une relative stabilité intergénérationnelle apparaît dans bon nombre de cas. On note toutefois que la situation des ouvriers non qualifiés, des artisans et commerçants ou des services directs aux particuliers se dégrade entre deux générations. Ce sont les professions qui, comme Éric Maurin le soulignait, sont soumises à une dictature nouvelle, celle des clients, et beaucoup moins encadrées par la socialisation que peut offrir une entreprise à ses salariés.

---

et Claudia Senik, *Happiness and Economic Growth: Lessons for Developping Countries*, Oxford, Oxford University Press, 2014.
    1. Yann Algan, Pierre Cahuc et André Zylberberg, *La Fabrique de la défiance… et comment s'en sortir*, Paris, Albin Michel, 2012.

FIGURE 13
Évolution de la confiance interpersonnelle, par profession

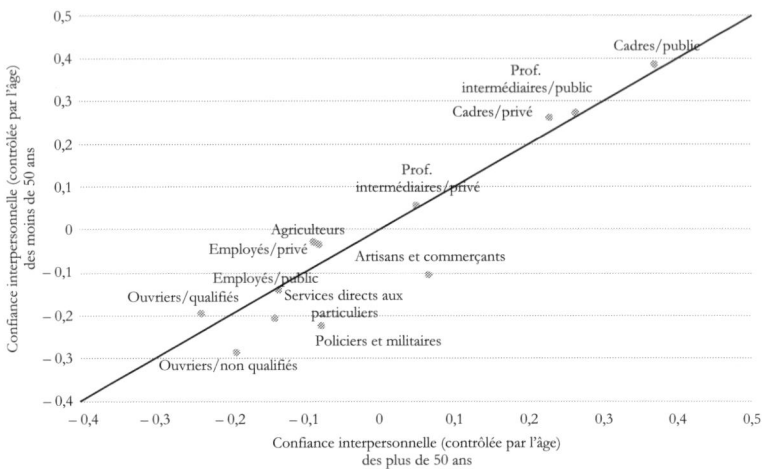

Source : *Dispositif statistique sur les ressources et les conditions de vie (SRCV), INSEE (2013).*
Note : *l'indicateur de confiance corrige les niveaux observés pour chaque profession de l'effet que l'âge produit en moyenne sur la confiance interpersonnelle.*
Lecture : *les professions au-dessus de la droite ont un niveau de confiance plus élevé qu'il y a cinquante ans. Pour celles qui sont en dessous, la confiance a baissé.*

Indépendamment de la position sociale qu'une personne occupe à un moment donné, la mobilité intergénérationnelle a également un impact décisif sur la confiance interpersonnelle et le niveau de satisfaction. Les individus dont la situation professionnelle s'est améliorée par rapport à celle de leurs parents, quel que soit le point d'arrivée, ont une confiance plus forte que les autres, toutes choses égales par ailleurs. C'est le signe que la confiance se construit tout au long d'un destin biographique, qu'elle est renforcée quand on s'élève socialement et qu'elle peut être durablement affaiblie dans le cas inverse.

Traditions religieuses et familiales

L'environnement culturel, appréhendé notamment dans sa dimension familiale, joue également un rôle décisif dans la structuration de la confiance. Pour saisir cette dimension, nous suivons ici les travaux d'Hervé Le Bras et d'Emmanuel Todd[1], qui ont analysé la manière dont se sont construites les structures familiales françaises, en réponse notamment à la densité historique des territoires. À partir de nombreuses données concernant la structure familiale, les coutumes successorales, la religiosité et la densité urbaine, ils proposent un indice de cohésion sociale des régions françaises. L'indice de cohésion sociale se décline en quatre catégories : d'une « très faible » à une « très forte » intégration sociale. Dans le sud-ouest de la France, où les familles élargies prévalent sur les familles nucléaires, la cohésion est élevée. Le Nord-Ouest (la Bretagne) est également une zone d'intégration très forte. Dans le Nord-Est au contraire, où les familles nucléaires et l'individualisme dominent, la cohésion est faible. Le Bassin méditerranéen occupe une position intermédiaire[2]. Comme nous le montrerons au chapitre VII où nous construisons un indicateur de confiance au niveau communal (reconstruite à partir des scores électoraux), les classifications proposées par Le Bras et Todd sont intimement liées à nos résultats (nous trouvons un coefficient de corrélation entre notre indicateur territorial de la confiance et leur indicateur régional de 0,45).

---

1. Emmanuel Todd et Hervé Le Bras, *Le Mystère français*, Paris, Seuil, 2013.

2. Jérôme Fourquet et Hervé Le Bras ajoutent une hypothèse intéressante : le Sud-Ouest était en retard dans les années 1960 et a vu sa position s'améliorer depuis ; l'ascension sociale est un facteur qui contribue à la confiance. Le contraire prévaut pour le Nord-Est. Hervé Le Bras et Jérôme Fourquet, *Le Puzzle français. Un nouveau partage politique*, Paris, Fondation Jean-Jaurès, 2017.

La religion joue aussi un rôle très significatif dans le degré de confiance interpersonnelle des individus (figure 14). Les catholiques sont moins confiants que les pratiquants d'autres religions ou que les athées, même s'ils ont un niveau de satisfaction de vie légèrement plus élevé. C'est l'une des explications du degré de confiance moindre des électeurs de Sarkozy et Fillon, dont l'électorat est composé à 80 % d'électeurs se déclarant catholiques (figure 15).

Les causes de cette relation entre catholicisme et méfiance sont multiples. Dans son analyse sur le capital social en Italie, *Making Democracy Work*, Putnam notait le rôle central de l'histoire dans la fabrique de la confiance et la place spécifique de l'Église catholique. Les habitants des villes d'Italie du Nord ayant accédé au statut de cités libres dès le Moyen Âge, et dont les ancêtres ont construit une densité d'associations et de relations entre citoyens, sont plus confiants envers autrui que les habitants des villes du sud de l'Italie, dominées historiquement par le pouvoir hiérarchique de l'Empire et de l'Église catholique[1]. À le suivre, l'Église catholique, en imposant une structure administrative hiérarchique et une relation descendante entre le prêtre et le croyant dans l'exercice de la foi, a étouffé la possibilité de former des relations sociales horizontales essentielles à la formation de la confiance. Cette analyse s'applique plus généralement à l'ensemble des pays de tradition catholique, et à la France en premier lieu[2].

1. Robert D. Putnam, *Making Democracy Work: Civic Traditions in Modern Italy*, Princeton, Princeton University Press, 1993. Edward C. Banfield, *The Moral Basis of a Backward Society*, New York, Free Press, 1958.
2. Rafael La Porta, Florencio Lopez-de-Silanes, Andrei Shleifer et Robert W. Vishny, « Trust in Large Organizations », *American Economic Review Papers and Proceedings*, 87, n° 2, 333-338, 1997. Sur une analyse de 55 pays, la corrélation entre le niveau de confiance interpersonnelle et le pourcentage de catholiques est fortement négative (– 0,47). Les auteurs montrent que la relation négative entre religion et confiance s'étend à toutes les religions organisées hiérarchiquement (catholique, orthodoxe, musulmane).

FIGURE 14
Confiance, satisfaction dans la vie et religion

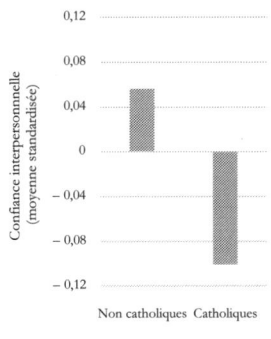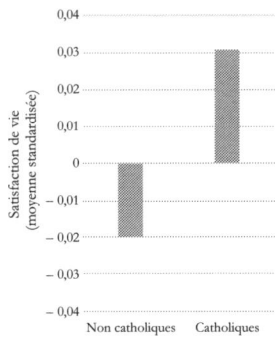

Source: Enquête électorale française, CEVIPOF.
Note: moyenne pondérée et standardisée des réponses pour chaque catégorie. Confiance interpersonnelle: « D'une manière générale, diriez-vous que l'on peut faire confiance à la plupart des gens (1) ou que l'on n'est jamais assez prudent quand on a affaire aux autres (0) ? » Satisfaction dans la vie: « Dans quelle mesure êtes-vous satisfait de la vie que vous menez (sur une échelle de 0 à 10) ? »

FIGURE 15
Pourcentage de chaque électorat se déclarant catholique

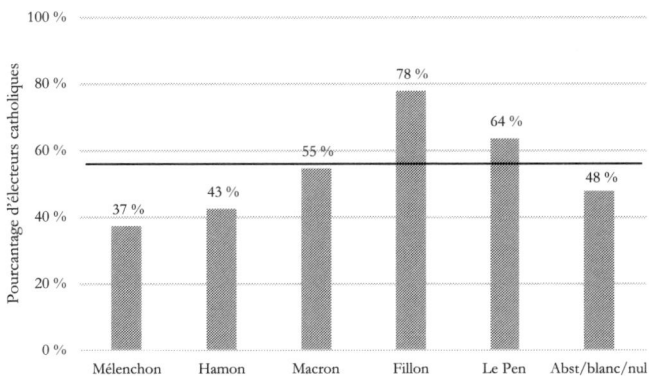

Source: Enquête électorale française, CEVIPOF.
Note: pourcentage d'électeurs se déclarant catholiques. Moyenne de 57 % représentée par la droite horizontale.

Cela ne veut pas dire que les catholiques sont plus méfiants par nature, mais leur confiance reste plus circonscrite au cercle familial et privé, ou à celui très local des paroissiens. C'est cette confiance dont témoigne l'électorat du candidat Fillon : élevée envers la famille, mais plus faible envers les autres en général.

Conclusion

In fine, la confiance interpersonnelle est certes solidement ancrée dans la condition sociale des individus, mais elle représente bien davantage : elle est le réceptacle des frustrations et des réussites accumulées tout au long de la vie, la marque d'un environnement familial, la trace de la religion ou de la fonction publique, de l'histoire culturelle de la région où l'on a été éduqué. Selon qu'elle est forte ou faible, les individus ont un rapport à autrui et des jugements idéologiques différents, qui façonnent profondément leur orientation politique. L'appartenance à de grandes idéologies, d'essence religieuse ou marxiste, qui fixait la conscience de classes de pans entiers de l'électorat, est remplacée par des représentations politiques où la subjectivité des individus, de leur rapport à autrui, joue le plus grand rôle. L'époque où les instituteurs et les ouvriers votaient ensemble pour le parti communiste a laissé place à un spectre idéologique beaucoup plus large.

CHAPITRE 4

Trois idéologies

Le vote pour un candidat manifeste le soutien à un ensemble de valeurs. C'est ce qu'on peut appeler une idéologie : la manière pour chacun de se représenter le monde et de donner un sens à la place qu'il y occupe. La difficulté pour appréhender de telles valeurs tient moins à leurs contours propres qu'au fait qu'elles ne sont pas toujours compatibles entre elles. Si l'on distingue les clivages économiques et les clivages culturels, quatre groupes d'électeurs surgissent : un premier rassemblant des électeurs libéraux tant sur le plan socioéconomique que sur le plan culturel : c'est le positionnement de Macron. Un deuxième croisement agrège les électeurs conservateurs sur ces deux terrains : ce sont les électeurs de Le Pen. Un troisième groupement porte sur les électeurs libéraux sur le plan culturel mais conservateurs sur le plan économique : c'est le terrain de la gauche traditionnelle. Un quatrième et dernier croisement regroupe les conservateurs sur le plan culturel et libéraux sur le plan économique : c'est le pôle de la droite traditionnelle. À l'aune de ces différentes combinaisons, la quadripartition de la vie politique n'est pas surprenante. Ce qui l'est davantage est la manière dont ces aspirations sont si longtemps parvenues à se couler dans une opposition gauche/droite qui a conduit les électeurs à se reconnaître dans l'un ou l'autre camp, la « gauche de progrès » ou la « droite conservatrice », alors qu'au sein de chacun d'entre eux les tensions étaient en réalité très fortes.

Pour cerner la façon dont se façonnent et se réconcilient ces aspirations contraires, en lien avec les variables de confiance et de bien-être présentées aux chapitres précédents, nous analysons ici le rôle des idéologies culturelles, qui fixent le rapport à autrui, la tolérance à l'égard des minorités notamment, les idéologies économiques qui portent essentiellement sur les questions de redistribution et le degré d'intervention de l'État dans l'économie, et enfin les idéologies politiques qui déterminent le rapport à l'État, aux institutions et à la démocratie.

Idéologies culturelles

Les idéologies culturelles sont appréhendées statistiquement à partir des positions des personnes interrogées à l'égard de l'homosexualité, de la criminalité, de l'immigration et de la protection de l'environnement. Ces variables culturelles situent très nettement les individus le long de l'axe gauche-droite traditionnel. En matière de soutien aux immigrés, les électeurs de Hamon sont ainsi les plus à gauche, suivis par ceux de Mélenchon, Macron, Fillon et Le Pen (figure 16). La corrélation entre ces valeurs et l'autopositionnement sur l'échelle gauche-droite est forte (à − 0,34 : les gens de gauche sont les plus tolérants)[1].

L'immigration est l'un des thèmes majeurs utilisés par la droite populiste, sur lequel se démarquent nettement les électeurs

1. Une très grande variété de mesures idéologiques est disponible. Nous regroupons ces mesures en catégories conceptuellement et statistiquement similaires (voir annexe).

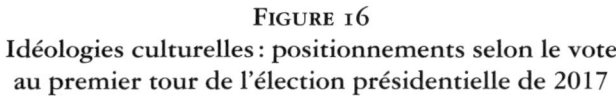

FIGURE 16
Idéologies culturelles : positionnements selon le vote
au premier tour de l'élection présidentielle de 2017

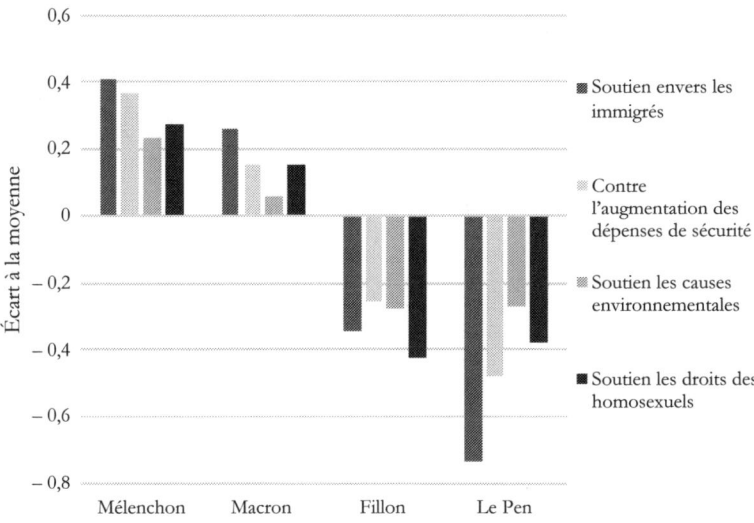

Source : *Enquête électorale française, CEVIPOF.*
Note : *échelles idéologiques standardisées construites à partir des variables disponibles en annexe 2.*

du Front national (figure 17). Comme le soulignaient les auteurs de l'ouvrage *Le Vote des Français de Mitterrand à Sarkozy*[1], « l'exploitation de l'enjeu de l'immigration par le Front national a contribué à reconfigurer la dynamique politique en France en favorisant l'émergence d'un groupe d'électeurs dont le positionnement sur l'axe idéologique gauche-droite ne peut s'expliquer principalement par le débat sur le rôle de l'État ».

1. Éric Bélanger, Richard Nadeau, Michael S. Lewis-Beck, Bruno Cautrès et Martial Foucault, *Le Vote des Français de Mitterrand à Sarkozy*, Paris, Presses de Sciences Po, 2012.

FIGURE 17
Idéologies culturelles : soutien à l'augmentation du nombre
d'expulsions d'immigrés clandestins, selon le vote

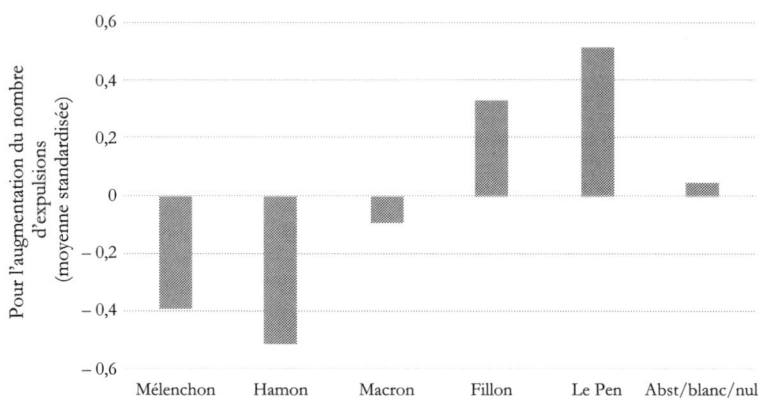

Source : Enquête électorale française, CEVIPOF.
Note : moyenne standardisée des réponses à la question : « Selon vous, faudrait-il, en France, augmenter,
maintenir au même niveau ou diminuer le nombre d'expulsions d'immigrés clandestins ? »

La question de l'immigration n'est pas strictement économique au sens, par exemple, d'une rivalité possible entre les
immigrés et les autochtones sur certains emplois. Elle se double
d'une dimension culturelle, notamment vis-à-vis des autres
nationalités et religions (en particulier la religion musulmane[1]).

1. Comme le montrent David Laitin et al. (2010), l'origine religieuse
musulmane joue un rôle plus important que l'origine géographique dans
les processus de discrimination sur le marché du travail en France. À CV
parfaitement identique en termes de diplômes, de pays d'origine (Sénégal)
et de nom de famille (par exemple Diouf), les personnes ayant un prénom d'origine musulmane (exemple : Fatima Diouf) ont 2,5 fois moins
de chances d'obtenir un entretien d'embauche que des personnes avec un
prénom d'origine chrétienne (exemple : Marie Diouf). Claire L. Adida,

Évoquant les enjeux liés à l'immigration, les électeurs de Le Pen parlent aussi d'autre chose : de leur rapport difficile à autrui, y compris dans le cercle familial, davantage que de questions économiques. Les attitudes à l'égard des immigrés sont ainsi très corrélées à la confiance interpersonnelle (corrélation de $-0,4$), et beaucoup moins nettement à la satisfaction dans la vie qui mesure davantage la situation matérielle des individus (corrélation de $-0,15$). De manière éclairante, la corrélation entre l'homophobie et la méfiance à l'égard des immigrés est forte et significative, de l'ordre de $0,45$. Les électeurs de Le Pen manifestent une défiance généralisée, à l'égard des autres personnes, mais aussi de leurs collègues, leurs voisins et même leur propre entourage familial.

Les électeurs de Fillon ont, très légèrement, une plus faible confiance que la moyenne envers les immigrés, ou envers les personnes d'une autre religion. En revanche, leur confiance à l'égard de leur famille et du cercle privé de leurs amis est plus élevée que la moyenne (voir la figure 18).

Ces considérations permettent de saisir la différence de nature qui existe entre la méfiance des électeurs de Le Pen et celle des électeurs de la droite traditionnelle. La défiance de la droite traditionnelle s'exerce uniquement au-delà du cercle privé ou familial, comme nous l'avons vu dans l'analyse du vote catholique. La défiance est générale dans le cas des électeurs de Le Pen, elle s'incarne dans un rapport dégradé à autrui, quelle que soit son origine.

David D. Laitin et Marie-Anne Valfort, « Identifying Barriers to Muslim Integration in France », *PNAS*, 2010.

Sur la corrélation entre le pourcentage de votes Marine Le Pen et la proportion de personnes ayant un prénom d'origine musulmane par bureau de vote à Marseille, voir Jérôme Fourquet, *L'Archipel français*, Paris, Seuil, 2019.

FIGURE 18
Confiance à l'égard des différents groupes, selon le vote
au premier tour de l'élection présidentielle de 2017

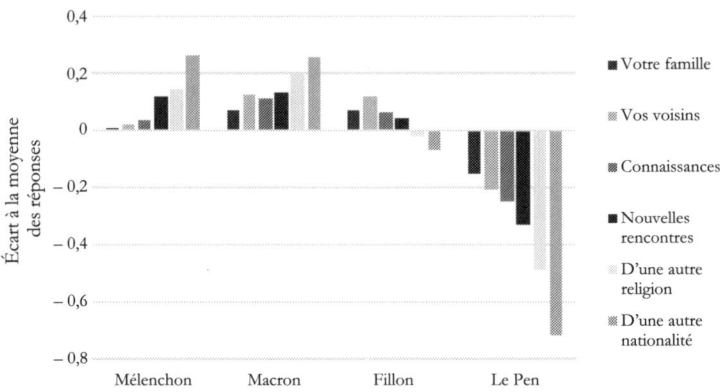

Source : Enquête électorale française, CEVIPOF.
Note : écart à la moyenne des réponses des électeurs de chaque candidat à la question : « Pour chacun des groupes de personnes suivants, diriez-vous que vous lui faites tout à fait confiance, un peu confiance, pas beaucoup confiance ou pas du tout confiance ? Votre famille ; vos voisins ; les gens que vous connaissez personnellement ; les gens que vous rencontrez pour la première fois ; les gens qui ont une opinion religieuse différente de la vôtre ; et les gens d'une autre nationalité. »

Idéologies économiques

Le rôle de la crise économique dans l'explication de la montée des forces antisystème de gauche radicale et de droite populiste, analysée au chapitre I, se retrouve très nettement dans le cas français. Comme le montre la figure 19, les électeurs de Le Pen et ceux de Mélenchon sont particulièrement touchés par l'insécurité économique[1].

1. L'indice de sécurité économique est mesuré par le patrimoine mobilier et immobilier, l'importance des aides sociales et pensions comme principales sources de revenu du ménage ; les risques de chômage dans

FIGURE 19
Insécurité économique et vote au premier tour
de l'élection présidentielle de 2017

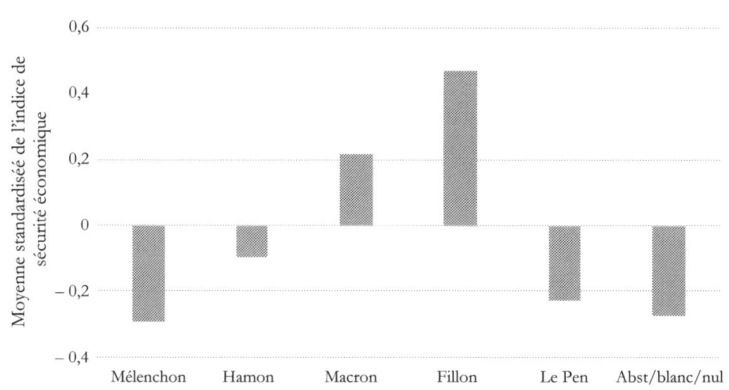

Source: *Enquête électorale française, CEVIPOF.*
Note: *moyenne standardisée de l'indice de sécurité économique. Ce dernier est calculé à partir des réponses aux caractéristiques suivantes: posséder sa résidence principale; posséder une résidence secondaire; posséder des actions ou similaire; posséder un contrat assurance-vie; posséder des parts d'une entreprise; posséder un livret A ou similaire; posséder des biens à location; les aides sociales sont une des principales sources de revenu du ménage; la pension est une des principales sources de revenu du ménage; risque du chômage dans le ménage; difficulté financière subjective du ménage; locataire du secteur HLM. L'échelle est de – 1 (très forte insécurité économique) et 1 (très forte sécurité économique).*

Les idéologies économiques de la gauche radicale et de la droite populiste, eu égard au rôle de l'État et à sa fonction redistributive, sont toutefois totalement différentes. La figure 20 montre le positionnement idéologique des électeurs au premier tour de la présidentielle de 2017. Comme nous le soulignions en introduction, les électeurs de Le Pen semblent aussi peu intéressés par les questions de redistribution que ceux de Macron. Le tableau ci-dessous fait ressortir une quasi-absence de réaction tant

_____

le ménage; la difficulté financière subjective du ménage; et le statut de résident dans le secteur HLM.

des électeurs de Le Pen que de ceux de Macron à la question de savoir s'il est souhaitable de prendre aux riches pour donner aux pauvres (figure 21)[1].

FIGURE 20
Idéologies économiques selon le vote au premier tour de l'élection présidentielle de 2017

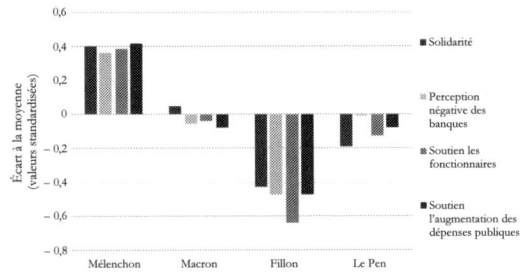

Source : *Enquête électorale française, CEVIPOF.*
Note : *échelles idéologiques standardisées construites à partir des variables décrites en annexe 2.*

Ce résultat est profondément contre-intuitif compte tenu des niveaux absolus de revenu des électeurs frontistes. Dans un modèle standard du choix électoral, popularisé par Anthony Downs[2], la gauche, parti des pauvres, veut plus de redistribution, et la droite, parti des riches, cherche à l'empêcher. L'électeur médian fixe l'équilibre entre ces deux forces contraires[3].

1. L'attitude des électeurs de Le Pen à l'égard de la redistribution est corroborée par de nombreuses autres questions sur ce sujet. Elles sont présentées, en détail, sur le site web.
2. Anthony Downs, *An Economic Theory of Democracy*, New York, Harper & Bros, 1957.
3. Nous analysons ici les préférences des électeurs, et non les déclarations politiques des candidats. Si la plateforme politique de Le Pen

FIGURE 21
Préférences redistributives selon le vote au premier tour de l'élection présidentielle 2017

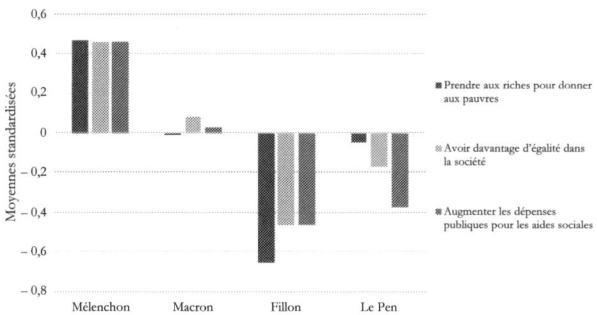

Source : Enquête électorale française, CEVIPOF.
Note : moyennes standardisées des réponses aux questions : « Diriez-vous que vous êtes d'accord avec les propositions suivantes : "En matière de justice sociale, il faudrait prendre aux riches pour donner aux pauvres" ; "Nous devrions avoir davantage d'égalité dans la société" ? » ; « Selon vous, faudrait-il, en France, plus, autant, ou moins de dépenses publiques pour les aides sociales, comme le RSA ou l'allocation logement, réservées aux foyers les plus modestes ? ».

Cette anomalie a fait l'objet de nombreuses études. Thomas Frank en propose une description minutieuse dans son livre *Pourquoi les pauvres votent à droite ?* [1]. L'auteur l'analyse comme l'effet d'un piège tendu par les partis conservateurs, qui promettent une restauration morale et mettent en pratique des baisses d'impôts. Une analyse statistique de cette question montre que la demande de redistribution est en partie expliquée par la différence entre le revenu espéré, étant donné l'éducation, et le revenu de la personne (plutôt que par ce seul revenu). C'est le sentiment d'injustice

---

contenait des politiques de redistribution, ses électeurs déclarent dans les enquêtes du CEVIPOF une bien moindre préférence pour la redistribution que les électeurs de Mélenchon.
1. Thomas Frank, *Pourquoi les pauvres votent à droite ?*, Marseille, Agone, 2013.

ressenti par les électeurs de Mélenchon qui les pousse à chercher la redistribution : ils gagnent moins que ce qu'ils estiment devoir gagner, vu leurs niveaux de diplôme. Et c'est exactement le contraire pour les électeurs de Fillon. Pour autant, la question centrale demeure : pourquoi les électeurs de Le Pen, qui sont plus pauvres que la moyenne, ne sont-ils pas davantage favorables à la redistribution, dont ils seraient les principaux bénéficiaires ?

Le niveau de confiance envers les autres est l'élément clé pour comprendre ce paradoxe. Selon la recherche en sciences comportementales, la confiance interpersonnelle explique une partie essentielle de la prédisposition des citoyens à financer les biens publics, à payer leurs impôts ou encore à favoriser des politiques plus ou moins redistributives. Le consentement à payer l'impôt est ainsi fortement tributaire de la conviction que les autres paient leur part[1]. C'est ce que confirment de nombreuses expériences sur le financement d'un service collectif, qui bénéficie à tous[2]. Lorsque des personnes qui participent à de telles expériences s'aperçoivent que certains membres du groupe ne contribuent pas alors qu'elles-mêmes participent au financement, elles réduisent leur contribution. Les citoyens qui sont les plus favorables à la redistribution, et plus généralement les pays où les systèmes d'État providence sont les plus généreux, se caractérisent par des niveaux de confiance plus élevés. À l'inverse, la méfiance vis-à-vis de l'incivisme des autres, réel ou supposé, mine fortement le soutien accordé à la redistribution et à l'État providence[3].

1. Stephen Coleman, « The Minnesota Income Tax Compliance Experiment : State Tax Results », Minnesota Department of Revenue, 1996.
2. Ernst Fehr et Simon Gächter, « Cooperation and Punishment in Public Goods Experiments », *The American Economic Review*, vol. 4, 2000.
3. Yann Algan, Pierre Cahuc et Marc Sangnier, « Trust and the Welfare State : The Twin Peaks Curve », *The Economic Journal*, vol. 126, 2016.

La différence des électorats de Mélenchon et de Le Pen sur les questions de redistribution prend dès lors tout son sens. Les électeurs dont la confiance interpersonnelle est faible sont profondément sceptiques quant à la possibilité de nouer un contrat social protecteur. Les électeurs de Le Pen se méfient des (très) pauvres, considérés comme des assistés quand il ne s'agit pas d'immigrés, à l'image de leur rapport à autrui en général. Ils ne croient pas en la redistribution, faute de confiance en autrui, même si d'un point de vue objectif ils en seraient les principaux bénéficiaires. Le sociologue spécialiste des classes populaires Olivier Schwartz développe le concept de « conscience triangulaire » pour analyser cette double défiance de certaines couches des classes populaires envers les élites et envers les plus pauvres[1].

Les électeurs de Macron, de manière exactement symétrique à ceux de Le Pen, ne sont pas hostiles à l'idée de redistribution, du fait d'une confiance interpersonnelle haute, même si, étant plus riches que la moyenne, ils en seraient les contributeurs. La neutralité observée dans ces deux camps est donc l'effet de deux forces opposées. Plus pauvres, les électeurs de Le Pen devraient y être favorables, mais ils se défient des autres et en particulier des « assistés ». Ayant de l'empathie pour autrui, les électeurs de Macron pourraient y être favorables, mais étant riches, ils s'abstiennent également... Ces forces de rappel sont absentes chez les électeurs de la droite et de la gauche traditionnelles, où tous les facteurs vont dans la même direction. Les électeurs de Mélenchon, pauvres et confiants, sont très favorables à la redistribution. Les électeurs de droite, riches et méfiants, y sont hostiles.

---

1. Olivier Schwartz, « Peut-on parler des classes populaires ? », *La Vie des idées*, 13 septembre 2011.

Idéologies politiques

Contrairement à la méfiance interpersonnelle qui les divise profondément, la méfiance envers les institutions et les élus rapproche les électeurs de Le Pen de ceux de Mélenchon (figure 22). La méfiance à l'égard des institutions politiques et du fonctionnement du régime politique est très corrélée au mal-être des personnes interrogées (figure 23). Les deux forces antisystème à gauche et à droite se nourrissent d'un niveau de bien-être faible. À l'inverse, les électeurs de Fillon et de Macron sont en ce domaine très proches les uns des autres, disposant d'un bien-être élevé.

FIGURE 22
Idéologies politiques selon le vote au premier
tour de l'élection présidentielle de 2017

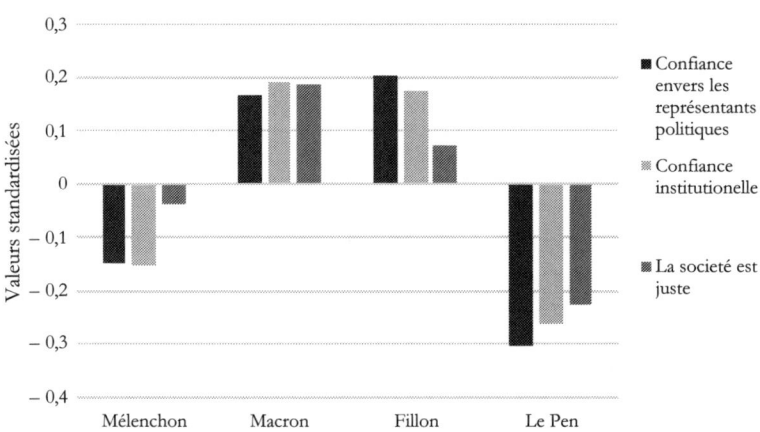

Source : Enquête électorale française, CEVIPOF.
Note : échelles idéologiques standardisées construites à partir des variables disponibles en annexe 2.

FIGURE 23
Idéologies politiques : opinion sur le système politique
et satisfaction dans la vie selon le vote au premier
tour de l'élection présidentielle de 2017

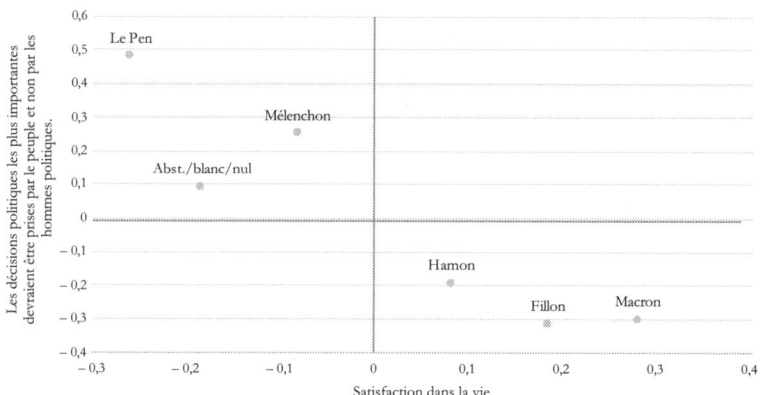

Source : Enquête électorale française, CEVIPOF.
Note : moyenne standardisée des réponses à la question : « Êtes-vous en accord avec la proposition suivante : "Les décisions politiques les plus importantes devraient être prises par le peuple et non par les hommes politiques" » sur une échelle de 1 « Pas du tout d'accord » à 5 « Tout à fait d'accord ». La droite verticale et la droite horizontale représentent les moyennes.

Le front commun de la gauche radicale et de la droite populiste en matière de défiance envers les institutions politiques se dissout toutefois entièrement lorsqu'il s'agit de désigner le régime qui pourrait les remplacer. L'axe gauche-droite traditionnel se retrouve parfaitement restauré quand la question porte sur la désirabilité d'un régime autoritaire (figure 24). Les électeurs de Le Pen y sont les plus favorables, ceux de Hamon et de Mélenchon y sont les plus hostiles, ceux de Macron se situant au milieu... La confiance interpersonnelle est fortement corrélée à cette question (– 0,27) bien davantage que la satisfaction dans la vie (– 0,08).

FIGURE 24

Idéologies politiques : valeurs autoritaristes selon le vote
au premier tour de l'élection présidentielle de 2017

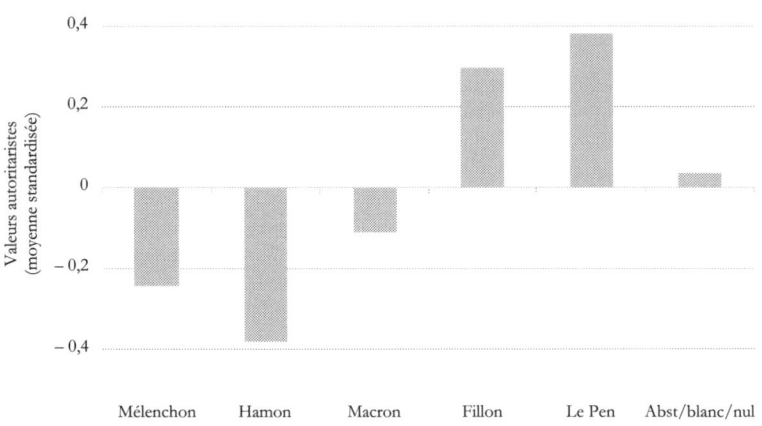

Source : Enquête électorale française, CEVIPOF.
Note : moyenne standardisée, selon le vote, des réponses à la question : « La France devrait-elle avoir à sa tête un homme fort qui n'a pas à se préoccuper du Parlement ou des élections ? » sur une échelle de 1 (« Pas du tout d'accord ») à 5 (« Tout à fait d'accord »).

L'opposition Macron-Le Pen est la plus vive lorsqu'il s'agit de l'Europe. Les électeurs de Macron, généralement très attachés à l'ouverture internationale, lui sont très favorables. Les électeurs de Le Pen se situent aux antipodes. Ils sont nationalistes et profondément sceptiques vis-à-vis de l'intégration européenne et de l'ouverture internationale. En revanche, les électeurs de Fillon n'ont pas de fortes convictions concordantes à ce sujet de l'ouverture, pas plus que les électeurs de Mélenchon (figure 25).

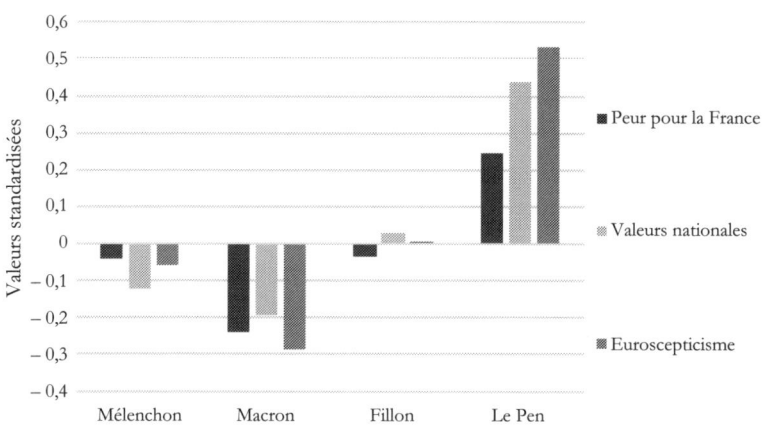

FIGURE 25
Idéologies politiques : mesures du degré d'ouverture
internationale, selon le vote au premier tour
de l'élection présidentielle de 2017

Source : *Enquête électorale française, CEVIPOF.*
Note : *échelles idéologiques, selon le vote, construites à partir des variables décrites en annexe 2.*

Conclusion

L'électorat est polarisé selon différents champs de force, qui trouvent leurs sources, ou s'expriment, dans différentes oppositions, culturelles, économiques ou politiques. L'axe gauche-droite au sens large, celui qui va de Mélenchon et Hamon à Fillon et Le Pen en passant par Macron, traduit surtout des antagonismes d'ordre culturel, à l'image notamment des questions portant sur l'immigration. Cet éventail est très corrélé à la manière dont les électeurs se positionnent politiquement. Être de gauche ou de droite, c'est surtout adhérer à des valeurs d'ordre culturel. Mais, lorsqu'on entre dans le détail des idéologies, cet axe original est concurrencé par bien d'autres clivages. L'axe gauche-droite, au sens restreint du terme, est celui qui oppose Mélenchon et Fillon. Les questions économiques en sont le terrain d'affrontement, portant notamment sur le rôle de l'État et de la redistribution. C'est un terrain à l'écart duquel se tiennent tant les électeurs de Macron que ceux de Le Pen. Le dernier axe central est celui qui oppose Macron et Le Pen. C'est celui de l'ouverture à l'Europe et au reste du monde, qui se traduit parfois comme une opposition ouvert/fermé. Ces idéologies sont elles-mêmes l'expression de la manière dont la situation économique des personnes (appréhendée ici par leur niveau de satisfaction dans la vie) interagit avec leur confiance en autrui, qui est elle-même le legs d'un destin biographique, incluant leur position sociale et leur héritage culturel. Mais d'autres formes de ressentiment, en particulier des émotions telles que la peur ou la colère, doivent être prises en compte pour saisir la manière dont se déterminent les choix électoraux des individus.

CHAPITRE 5

L'électeur émotionnel

Les idéologies déterminent le socle de valeurs à partir desquelles les électeurs fixent leur choix. L'adhésion à telle ou telle idéologie se construit dans le temps, parfois dès l'adolescence, au contact des autres, dans sa vie professionnelle ou familiale. Éléments essentiels de notre existence, les émotions façonnent également nos réactions à l'environnement, influencent nos perceptions et participent à nos décisions. L'électeur en tant que citoyen sentimental est traversé par un ensemble d'émotions, allant des expériences, des souvenirs positifs ou négatifs aux réactions plus immédiates face à un événement. Par exemple, les attentats du 13 novembre 2015 à Paris, qui sont survenus trois semaines avant le scrutin régional de décembre, ont mis en évidence une forte polarisation des électorats selon le degré d'émotions ressenties face aux attaques terroristes. Par-delà une idéologie politique positionnée à droite, le Front national a obtenu des scores bien supérieurs parmi les électeurs qui exprimaient un sentiment de colère face aux attentats, et des scores plus faibles parmi les électeurs dominés par un sentiment de peur[1]. Comprendre

---

1. Pavlos Vasilopoulos, George E. Marcus, Nicholas A. Valentino et Martial Foucault, « Fear, Anger and Voting for the Far Right : Evidence From the November 13, 2015 Paris Terror Attacks », *Political Psychology*, 2018 (https://doi.org/10.1111/pops.12513).

comment les émotions peuvent affecter la décision électorale suppose de dépasser le cadre qui opposerait un électeur rationnel ou vertueux à un électeur sentimental ou passionné. Au cœur du raisonnement se pose la question des prédispositions cognitives de chaque citoyen face à une série d'événements extérieurs. Il est démontré empiriquement que l'occurrence d'un choc (attentats, perte d'emploi, crise politique…) active ces mêmes prédispositions dans deux directions opposées : le statu quo et le changement radical. Dans le premier cas, la peur active le conservatisme ; dans le second cas, la colère renforce la radicalisation des choix.

Colère et peur

À partir de l'Enquête électorale du CEVIPOF, une expérience en ligne a été soumise aux personnes enquêtées en leur proposant d'exprimer un éventail d'émotions au regard de la situation générale en France, économique et politique. Parmi les émotions retenues dans cette expérience, deux d'entre elles étaient négatives (peur et colère), deux positives (enthousiasme et espoir) et deux plus modérées (inquiétude et amertume). En pensant à la situation politique française, une large partie de l'électorat ressent de la colère et de la peur, tandis que l'enthousiasme n'est exprimé que par une minorité d'électeurs (figure 26). Se dessine ainsi une France fortement polarisée par ses émotions. Toutefois, la colère et la peur ne relèvent pas des mêmes logiques d'activation psychologique. Contrairement à une idée trop répandue, la montée du populisme de droite ne s'appuie pas sur le ressort émotionnel de la peur. Le raccourci par lequel les victoires de Trump aux États-Unis ou du Brexit en 2016 se seraient nourries d'une anxiété des peuples américain et britannique face à des menaces de toute nature, souvent extérieures (telles que l'immigration ou la concurrence économique internationale), n'est pas fondé empiriquement. C'est plutôt du côté de la colère que l'explication est à chercher pour comprendre le soutien massif accordé aux candidats ou partis antisystème.

FIGURE 26
Émotions vis-à-vis de la situation politique
en France (en pourcentage des électorats)

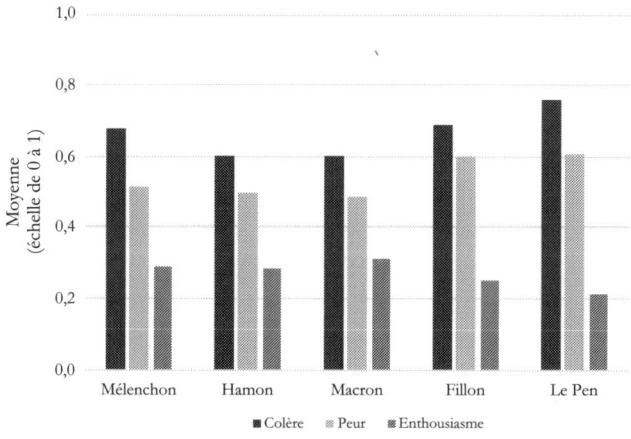

Source : Enquête électorale française, CEVIPOF.
Note : échelles émotionnelles standardisées allant de 0 à 1. Pour chaque émotion, la question posée est la suivante : « Sur une échelle de 0 à 10, que ressentez-vous à propos de la situation politique en France... ? ».

À partir du modèle de psychologie politique appelé *Affective Intelligence*, Marcus, Neuman et MacKuen[1] ont démontré que la peur augmente la perception du risque et incite par conséquent à un comportement plus précautionneux, plus conservateur, forçant

1. George E. Marcus, W. Russell Neuman et Michael B. MacKuen, *Affective Intelligence and Political Judgment*, Chicago, University of Chicago Press, 2000.

les individus anxieux à penser avant d'agir et donc à s'engager dans des processus de recherche d'informations et de confrontations d'opinions. Ainsi, la peur découragerait les électeurs de voter pour des candidats promouvant des solutions radicales pour régler les problèmes de la France, telles que l'abandon de la monnaie unique ou le retour à une forme absolue de protectionnisme. À l'inverse, la colère incite l'individu à investir des ressources pour empêcher qu'un état menaçant (attentat) ne se reproduise ou que des politiques jugées inefficaces ne soient maintenues. Le vote est précisément l'une de ces ressources. N'ayant «plus rien à perdre», les électeurs en colère sont prêts à adopter des stratégies plus risquées en se tournant vers des candidats plus radicaux qui privilégient des positions intransigeantes et des stratégies non coopératives.

En mettant en correspondance les émotions ressenties vis-à-vis de la politique en France et le choix de vote au premier tour de la présidentielle 2017, il apparaît nettement sur la figure 27 que plus le niveau de colère est élevé, plus la probabilité de voter pour Le Pen et Mélenchon progresse, quels que soient l'âge, le genre, la profession, l'orientation idéologique et le niveau de revenu des Français. L'inverse est vrai pour Macron, qui voit au sein de son électorat une relation négative entre colère et soutien : plus un électeur est en colère, moins il a de chances de lui accorder ses suffrages.

Ce résultat offre aussi une explication de la grande imperméabilité de l'électorat frontiste face aux affaires judiciaires qui ont atteint le parti, contrairement aux électeurs de droite déroutés par la mise en examen de Fillon. En effet, la colère des électeurs du FN les détourne de tout processus de recherche d'informations qui remettrait en doute des opinions déjà fortement polarisées. Les appels et signes appuyés de Le Pen vis-à-vis d'une France qui gronde, une France des oubliés, des invisibles, relèvent donc avant tout d'une stratégie électorale qui lui donne un avantage substantiel en termes de fidélisation et d'adhésion de son électorat. En se faisant la porte-parole d'une France en colère qui veut tourner la page d'un « système », elle s'adresse à un électorat émotionnel singulier, moins susceptible de changer d'avis, même sous la pression d'un front républicain fissuré.

FIGURE 27
Effet de la colère sur le vote présidentiel 2017 (premier tour)

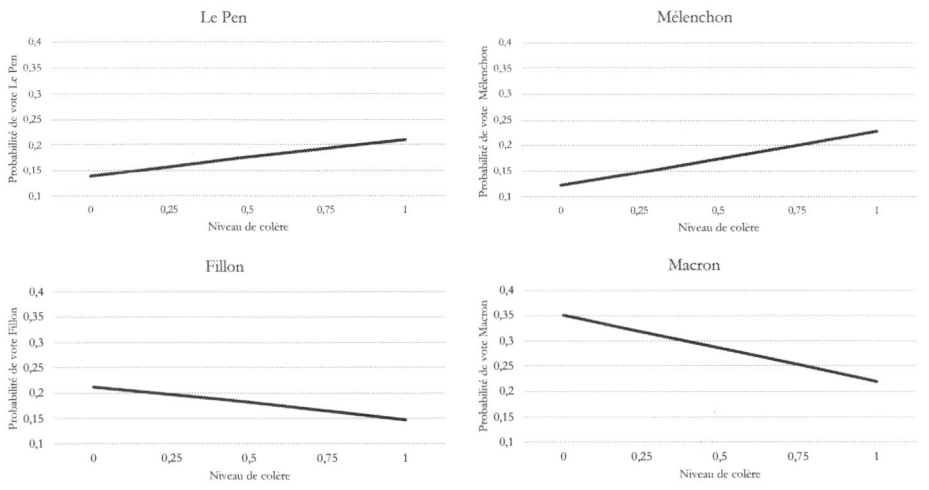

Source : Enquête électorale française, CEVIPOF.
Note : effets marginaux de la colère, extraits d'une régression logistique multinomiale du choix de vote, contrôlant pour les variables suivantes : âge, sexe, éducation, revenu, catégorie socioprofessionnelle, valeurs autoritaristes, autopositionnement gauche-droite, peur, enthousiasme et intolérance.
Lecture : plus les électeurs expriment de la colère sur la situation politique française, plus la probabilité de voter pour Le Pen augmente. C'est l'inverse pour le vote Macron.

La peur (ou l'anxiété), quant à elle, est activée lorsqu'un événement (ou une situation) est perçu comme non familier ou inattendu. Une personne anxieuse se sentira incapable de faire face à la menace. Elle adoptera donc une réaction plus prudente

et choisira dans l'univers politique le représentant le plus crédible pour réduire cette incertitude. Dans son ouvrage *Nervous
State: Democracy and the Decline of Reason*[1], l'économiste William
Davies le rappelait : « La politique des sentiments ne conduit pas
automatiquement au soutien de leaders autocratiques. Une telle
menace est liée à une émotion particulière, à savoir la peur qui
devient un danger en soi. »

Face à des électeurs traversés par la peur, ni Macron ni
Mélenchon n'apparaissent comme des alternatives susceptibles
de réduire dans l'absolu leur incertitude immédiate vis-à-vis d'un
monde politique qu'ils perçoivent comme anxiogène. En revanche,
Fillon s'impose comme le candidat en mesure de fédérer le vote
des électeurs anxieux. Le conservatisme politique du candidat
Les Républicains trouve un socle électoral très réticent à prendre
des risques et donc peu enclin à un changement des pratiques
démocratiques en France. Un électeur nullement anxieux (0 sur
l'échelle de la figure 28) a environ deux fois moins de chances de
voter Fillon qu'un électeur très anxieux (10 sur la même échelle).

De l'autre côté du spectre des émotions, l'enthousiasme
favorise nettement le candidat d'En Marche. Ce dernier attire
de manière spectaculaire des électeurs partageant un optimisme
sur la situation politique de telle sorte que les Français les plus
enthousiastes ont 38 % de chances de voter Macron, contre 15 %
pour Le Pen, une fois prises en compte les caractéristiques sociodémographiques des électeurs.

---

1. William Davies, *Nervous States: Democracy and the Decline of Reason*,
New York, W. W. Norton & Company, 2019.

FIGURE 28

Effet de la peur sur le vote présidentiel 2017 (premier tour)

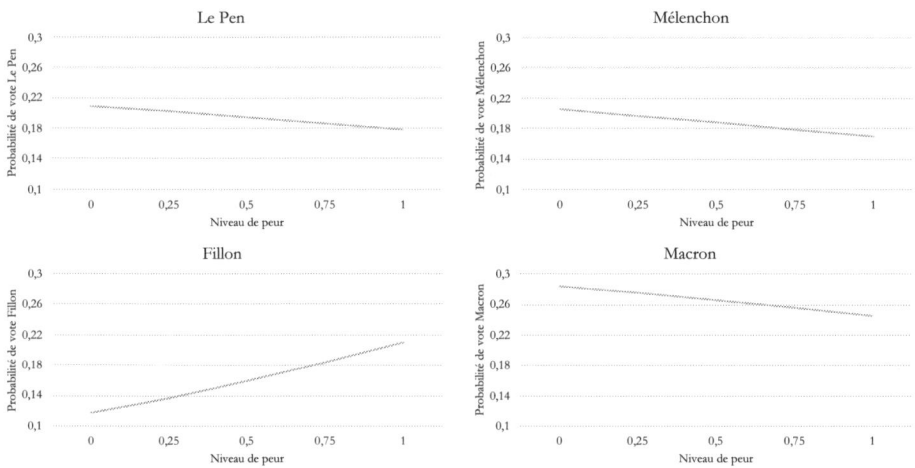

Source : *Enquête électorale française, CEVIPOF.*
Note : *effets marginaux de la peur, extraits d'une régression logistique multinomiale du choix de vote, contrôlant pour les variables suivantes : âge, sexe, éducation, revenu, catégorie socioprofessionnelle, valeurs autoritaristes, autopositionnement gauche-droite, colère, enthousiasme et intolérance.*
Lecture : *plus les électeurs ressentent de la peur à l'égard de la situation politique française, plus la probabilité de voter Fillon augmente.*

Émotions et confiance

Comme nous l'avons vu dans le chapitre II, l'élection de 2017 ne peut être comprise sans tenir compte de variables subjectives, c'est-à-dire la confiance interpersonnelle et le niveau de satisfaction dans la vie menée. Par ailleurs, sur le terrain des émotions, nous venons d'établir deux effets directs : la colère favorise le vote Le Pen et Mélenchon, et la peur détourne du vote Le Pen. Interrogeons-nous maintenant sur l'effet indirect que peut exercer le niveau de confiance envers les autres sur l'effet de la colère en termes de choix électoral. En effet, si les électorats de

Mélenchon et de Le Pen s'opposent sur le terrain de la confiance interpersonnelle, ils partagent un sentiment aigu de colère vis-à-vis de la situation politique française. C'est ce même ressentiment qui les unit dans le combat antisystème.

En tenant compte du niveau de confiance vis-à-vis des autres, la figure 29 confirme nos résultats précédents en ajoutant une dimension originale sur l'importance du rôle joué par la confiance comme variable médiatrice des effets de la colère. Chez les gens méfiants (niveau de confiance interpersonnelle faible), la colère fait toujours voter davantage Mélenchon et surtout Le Pen, alors que l'apaisement[1] favorise nettement le vote Macron. Le candidat conservateur reste quant à lui étranger à l'effet de la colère ; seule la méfiance de ses électeurs lui garantit des votes. En revanche, chez les gens très confiants, une opposition s'impose clairement entre gauche radicale et droite populiste : la colère augmente le vote Mélenchon et réduit celui de Le Pen.

En regardant cette fois-ci la figure 29 sous l'angle de l'intensité de la confiance, plus les gens sont confiants et plus les chances de voter Mélenchon augmentent lorsqu'ils sont en colère. À l'inverse, plus les personnes en colère gagnent en confiance et moins elles ont de chances de voter Le Pen.

Dans un monde où la presse écrite et la télévision ne cessent de mobiliser le mot « colère » à leur une et dans leurs reportages, les citoyens n'hésitent plus désormais à choisir des candidats réceptacles de leur exaspération face à leurs difficultés quotidiennes. Mais encore faut-il comprendre que la colère peut elle-même concerner des électorats initialement méfiants et/ou malheureux. Si l'effet de la confiance joue sur la colère un rôle d'amplificateur du vote vers la gauche radicale, il exerce un rôle strictement inverse vers la droite populiste.

1. Terme désignant ici les personnes qui n'expriment pas de colère.

FIGURE 29
Confiance interpersonnelle et colère dans la décision électorale

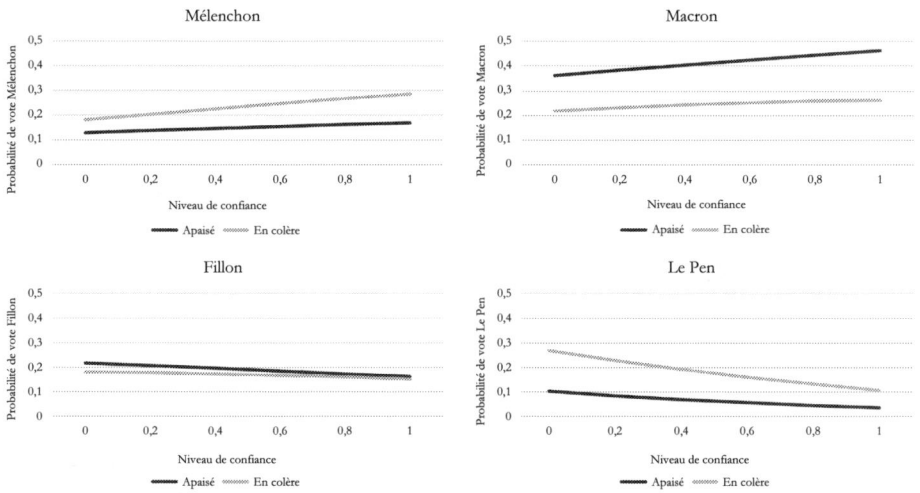

Source : Enquête électorale française, CEVIPOF.
Note : probabilités de vote prédites selon la colère et la confiance interpersonnelle, obtenues à partir d'une régression logistique multinomiale du choix de vote, contrôlant pour les variables suivantes : âge, sexe, éducation, revenu, catégorie socioprofessionnelle, valeurs autoritaristes, autopositionnement gauche-droite, peur, enthousiasme et intolérance.
Lecture : parmi les électeurs en colère, leur probabilité de vote pour Mélenchon est plus grande que celle des électeurs apaisés. Mais, au fur et à mesure que le niveau de confiance interpersonnelle augmente, la probabilité de voter Mélenchon augmente plus fortement pour les électeurs en colère que pour les électeurs apaisés. C'est l'inverse pour l'électorat de Le Pen.

Qu'en est-il maintenant des personnes satisfaites de leur vie ? La figure 30 montre que l'impact de la colère sur les électorats de Mélenchon et de Le Pen est peu affecté par leur niveau de satisfaction dans la vie. Il s'agit bien d'un facteur additionnel, qui s'ajoute aux déterminants subjectifs déjà analysés.

FIGURE 30
Bien-être et colère dans la décision électorale

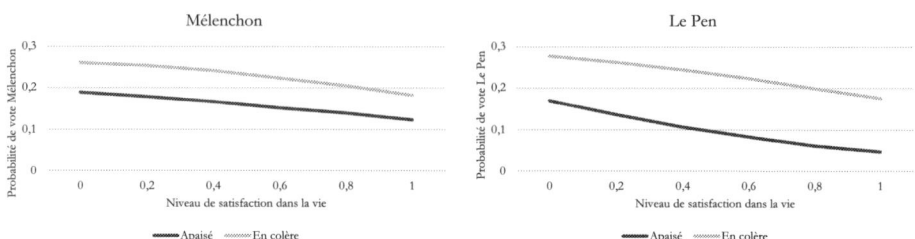

Source : Enquête électorale française, CEVIPOF.

Note : probabilités de vote prédites selon la colère et la satisfaction dans la vie, obtenues à partir d'une régression logistique multinomiale du choix de vote, contrôlant pour les variables suivantes : âge, sexe, éducation, revenu, catégorie socioprofessionnelle, valeurs autoritaristes, autopositionnement gauche-droite, peur, enthousiasme et intolérance.

Lecture : parmi les électeurs en colère, leur probabilité de vote pour Le Pen est plus grande pour ceux des électeurs très faiblement satisfaits de leur vie. Mais, au fur et à mesure que le niveau de satisfaction dans la vie augmente, la probabilité de voter Le Pen diminue.

Conclusion

L'électeur émotionnel est motivé par deux expressions immédiates contrastées : la peur et la colère. Prises isolément, ces émotions ne débouchent pas nécessairement sur un vote antisystème. La peur conforte le conservatisme, seule la colère favorise un radicalisme politique. Ces résultats permettent de comprendre pourquoi des électeurs peu diplômés, jeunes, appartenant aux classes malheureuses (et pas seulement populaires) car exposées au déclassement social, qui pourraient opter pour l'abstention, sont aujourd'hui plus enclins à voter Front national ou la France insoumise lorsqu'ils sont animés d'une forte colère. Cette tendance forte observée en Allemagne pour le vote AfD et aux États-Unis pour le vote Trump doit toutefois être nuancée par le rôle de la confiance interpersonnelle. Être en colère et en même temps disposer d'un fort capital de confiance entretient le vote de la gauche radicale. À l'inverse, être en colère et en même temps fortement méfiant à l'égard d'autrui reste la meilleure combinaison émotion-subjectivité pour voter en faveur de la droite populiste.

CHAPITRE 6

De Marchais à Le Pen

L'évaporation des voix communistes

L'axe gauche-droite s'est construit sur des alliances sociales et idéologiques multiples. Il a signé la rencontre, à gauche, des ouvriers et des instituteurs, à droite, des bourgeois et des paysans. La décomposition de ces alliances a produit un effondrement de la vie politique traditionnelle, qui s'est traduit par un second tour totalement inédit en 2017. Cette crise, quoique singulière dans les conditions de son apparition, est l'effet de plusieurs glissements de terrain politiques. Le plus important est l'évaporation du vote communiste et la lente migration de l'électorat populaire vers la droite populiste. Le chemin parcouru à cet égard est saisissant. En 1978, lors des législatives, 70 % des ouvriers non abstentionnistes votaient à gauche. Au premier tour de l'élection présidentielle de 1988, ils étaient une majorité à voter pour le candidat socialiste ou le candidat communiste. En l'espace de quarante ans, les partis de gauche ont perdu dans leur ensemble plus de la moitié des suffrages des classes populaires qui leur étaient jusqu'alors acquises. À l'inverse, le Front national attire aujourd'hui deux fois plus d'ouvriers qu'il y a trente ans (figure 31).

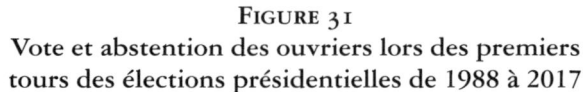

FIGURE 31
Vote et abstention des ouvriers lors des premiers
tours des élections présidentielles de 1988 à 2017

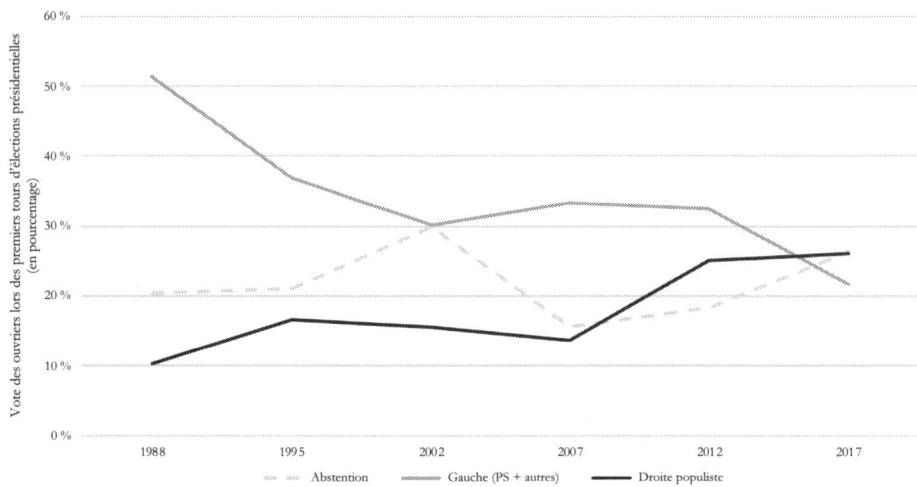

Source : Enquêtes CEVIPOF (1988 à 2017), Enquête participation électorale, INSEE (2002, 2007, 2012, 2017).

En 2017, parmi 100 ouvriers ayant participé au scrutin du premier tour de l'élection présidentielle de 2017, 36 ont voté Le Pen, 24 ont choisi Mélenchon, 17 Macron, 9 Fillon et 15 l'un des sept autres candidats. Ces résultats exprimés en faveur d'un candidat ne doivent pas masquer pour autant l'autre fait massif : chez les ouvriers, l'abstention fait jeu égal avec le vote Le Pen, comme un refuge, une sortie du jeu électoral. Une manière éclairante de comparer 1981 et 2017 consiste à utiliser les déterminants du vote en 1981 pour dessiner une carte fictive du vote qui se serait produit en 2017 si les préférences électorales de 1981 avaient continué de prévaloir, en ajustant celles-ci à l'évolution de la composition sociale des électeurs entre ces deux dates. Nous utilisons pour ce faire une analyse économétrique du vote communal en 1981 et appliquons ces prédictions à la réalité socioéconomique de 2017[1] (tableau 4).

TABLEAU 4
Votes fictifs en 2017 pour les candidats
de l'élection présidentielle de 1981

	« 2017 »	1981
Marchais	21,00 %	15,35 %
Mitterrand	22,04 %	25,85 %
Giscard	24,49 %	28,32 %
Chirac	21,39 %	18 %

Source : résultats électoraux 1981, CEVIPOF. Recensement harmonisé 1968-2015, INSEE.
Note : les corrélations observées au niveau communal entre la structure de la population en 1981 et les résultats de chaque candidat en 1981 sont appliquées à la structure de la population observée en 2015 pour obtenir le résultat fictif qu'aurait obtenu chaque candidat lors des élections de 2017.

En 2017, à suivre cette estimation, le candidat du parti communiste aurait capté 21 % des voix s'il était parvenu à préserver la base sociodémographique de son électorat ! La montée du chômage et de la part des employés dans la population française explique le score élevé qu'aurait obtenu Georges Marchais en 2017. Autrement dit, la lente disparition du vote communiste

1. Les chiffres sont obtenus pour les 850 communes pour lesquelles les données sont disponibles en 1981. Les coefficients sont issus de régressions économétriques pondérées par la taille de la population, et les moyennes sont pondérées par la taille de la population en 2017. La régression prend en compte : la structure par âge et PCS, le taux de chômage de la commune, la tradition religieuse du département et son niveau de cohésion sociale (intégration) au sens de Todd et de Le Bras (Emmanuel Todd et Hervé Le Bras, *Le Mystère français, op. cit.*).

au cours des trente-cinq dernières années est davantage le produit d'une crise politique que d'une transformation sociale de son électorat[1].

Les autres candidats de 1981 auraient tous dépassé les 20 %, Mitterrand et Giscard arrivant à nouveau en tête, mais talonnés par Chirac et Marchais. La répartition en quatre quarts du vote était ainsi déjà bel et bien contenue dans les déterminants socioéconomiques de 1981.

Pour saisir la manière dont se sont dispersées les voix de ces candidats fantômes, nous comparons, toujours au niveau communal, la corrélation entre le vote imaginaire en faveur des candidats de 1981 et le vote pour les candidats réels en 2012 et en 2017 (tableau 5). Le vote Marchais « fictif » est très corrélé à celui qui s'est exprimé en faveur de Le Pen, et dans une moindre mesure à celui pour Mélenchon. Toutes les communes où Marchais sortait en tête en 1981, et pour lesquelles les données électorales sont disponibles, sont de fait allées soit à Mélenchon (toutes celles qui sont dans le Bassin parisien), soit à Le Pen (pour toutes les autres régions). La droite traditionnelle, celle de Giscard et de Chirac, s'est plus sagement répartie entre Fillon et Macron, le vote pour ce dernier étant d'ailleurs très négativement corrélé au vote Marchais, et quasiment indépendant de celui pour Mitterrand. La grande surprise est en fait le legs plus général du vote Mitterrand : il est profondément éclaté, et ce même en 2012. Ce résultat donne corps à une thèse peu discutée en science politique sur l'éparpillement du vote socialiste aux quatre vents des candidats en 2017. La sociologie, proche de la classe moyenne, de l'électorat socialiste explique qu'il soit aussi le plus vulnérable à la concurrence des

1. David Gouard, « Le vieillissement des électeurs communistes à l'épreuve des vicissitudes du communisme municipal », *Lien social et Politiques*, n° 79, 2017, p. 155-174.

autres partis, notamment dans les périodes de forte radicalisation de l'offre politique[1].

TABLEAU 5

Corrélations entre le vote fictif en faveur des candidats de 1981 et le vote contemporain

	2012					2017				
	Mélenchon	Hollande	Bayrou	Sarkozy	Le Pen	Mélenchon	Hamon	Macron	Fillon	Le Pen
Marchais « 2017 »	0,41	0,14	− 0,69	− 0,63	0,70	0,47	− 0,33	− 0,81	− 0,68	0,72
Mitterrand « 2017 »	0,13	0,13	0,15	− 0,34	0,10	0,16	0,17	− 0,1	− 0,33	0,1
Giscard « 2017 »	− 0,49	− 0,26	0,67	0,68	− 0,58	− 0,57	0,24	0,71	0,74	− 0,6
Chirac « 2017 »	− 0,37	− 0,13	0,54	0,64	− 0,67	− 0,43	0,26	0,77	0,69	− 0,69

Source : résultats électoraux 1981, CEVIPOF. Résultats électoraux 2012 et 2017, ministère de l'Intérieur. Recensement harmonisé 1968-2015, INSEE.
Note : les corrélations sont effectuées entre le résultat électoral fictif présenté dans le tableau 4 et les résultats effectifs des candidats à l'élection présidentielle de 2012 et de 2017, à l'échelle communale.
Lecture : le score fictif qu'aurait obtenu Marchais en 2017 et le score obtenu par Mélenchon en 2017 sont, en moyenne, corrélés positivement à 0,47.

Si le fait majeur des cinquante dernières années est la longue migration des voix ouvrières du Parti communiste vers le FN, cela ne suffit pas à conclure que les électeurs de Marchais soient devenus des électeurs de Le Pen[2]. Beaucoup d'entre eux ont choisi

1. L'électorat PS est devenu, au fil du temps, plus éduqué qu'il n'était en 1988. En 1988, son pourcentage des électeurs avec un niveau d'éducation au-delà du bac était à 95 % de la moyenne nationale. En 2017, il se situe à 109 % de la moyenne.
2. Cette thèse qualifiée de « gaucho-lepénisme » par Pascal Perrineau fait aujourd'hui encore débat et s'oppose à la thèse de « l'ouvriéro-lepénisme »

l'abstention tandis que d'autres, se reconnaissant dans les valeurs portées par le FN, ont fait le chemin inverse, de l'abstention vers le vote pour la droite populiste. La base sociale de l'ancien parti communiste se retrouve certes en grande partie dans celle du FN, mais cela n'implique pas que les anciens communistes soient devenus frontistes. L'analyse économétrique du vote communal permet de préciser ce point. Le fait qu'une commune soit sociologiquement ouvrière joue très clairement un rôle déterminant dans l'explication du vote en faveur de Marine Le Pen. Mais, lorsque les caractéristiques sociales de ces communes sont prises en compte, le poids de leur passé communiste (mesuré par le pourcentage de voix recueillies par Marchais en 1981) ne joue plus aucun rôle explicatif. Ce n'est donc pas en tant qu'anciens bastions communistes que les municipalités populaires ont voté Le Pen, mais bien du fait de leur sociologie contemporaine.

Les résultats sont différents dans le cas de Mélenchon. Même en tenant compte de l'effet des différences sociodémographiques des communes, celles qui ont voté Marchais hier gardent une préférence significative pour Mélenchon, qui est donc bien, en partie, l'héritier du vote communiste. Les communes où Mélenchon obtient ses meilleurs scores ne comptent pas plus d'ouvriers et d'employés que la moyenne (contrairement à Le Pen)[1]. Il s'agit donc bien davantage d'un legs politique que sociologique.

---

avancée par Nonna Mayer. Pascal Perrineau, *Le Symptôme Le Pen. Radiographie des électeurs du Front national*, Paris, Fayard, 1997. Nonna Mayer, *Ces Français qui votent FN*, Paris, Flammarion, 1999.

1. Ce résultat confirme que le communisme municipal des banlieues rouges de Paris durant les Trente Glorieuses a connu de profondes transformations socioterritoriales imprégnant ces communes d'une filiation politique intergénérationnelle à défaut d'une permanence d'un vote ouvrier, car ces mêmes communes se sont vidées de leur vivier d'électeurs ouvriers.

L'axe gauche-droite survit

La montée de l'axe centriste-populiste n'a pas enterré l'axe gauche-droite traditionnel. Il vaut mieux parler à cet égard d'une concurrence que d'une mise sous tutelle. Le chapitre IV a montré que l'axe gauche-droite au sens large, de Mélenchon à Le Pen en passant par Macron, reste structurant dans le domaine des valeurs. Au sens étroit d'une opposition entre Mélenchon et Fillon, il reste aussi très actif dans le domaine de la redistribution et du rôle de l'État.

Du point de vue de l'analyse électorale, l'opposition gauche-droite s'est longtemps jouée autour de trois items fondamentaux que sont la fonction publique, la religion et la propriété. Chacun reste un déterminant significatif du vote au premier tour de 2017, comme ils l'ont été au second tour de 2012. L'appartenance à la fonction publique, tout d'abord, est un trait qui distingue la gauche des autres électorats (figure 32). Tous les candidats de gauche, de Mitterrand à Hollande jusqu'à Hamon et Mélenchon, disposent d'une base électorale favorable au sein de la fonction publique. La situation est inversée pour les électeurs de la droite traditionnelle. Dans des proportions quasiment identiques, de Chirac en 1988 à Fillon en 2017, les candidats de droite ont les faveurs du secteur privé (Chirac en 1995, élu sur le thème de la fracture sociale, est une exception).

L'électorat de Macron est dans la continuité de l'électorat centriste. Il dépend moins que la gauche et plus que la droite de la fonction publique. Une neutralité relative de même nature s'observe, de manière inattendue, dans l'électorat frontiste. Derrière la catégorie « fonction publique », des situations contrastées existent en fait entre les cadres supérieurs de la fonction publique d'État et les employés de la fonction publique hospitalière et territoriale. Luc Rouban a souligné la progression du vote en faveur du FN chez les électeurs appartenant à cette catégorie[1]. L'analyse économétrique montre que, une fois pris en compte les autres déterminants du vote pour le FN, il n'existe aucun pouvoir explicatif résiduel pour la fonction publique, jusques et y compris en 2012. En 2017, toutefois, Marine Le Pen fait exception.

FIGURE 32
Importance relative du vote des fonctionnaires au premier tour des élections présidentielles de 2012 et de 2017

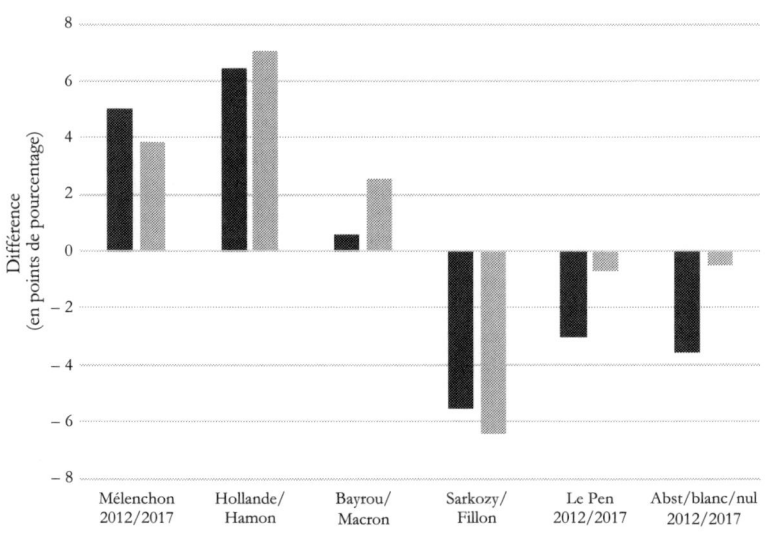

Source : *Enquête électorale française*, CEVIPOF.
Note : *différence entre la part de fonctionnaires au sein de chaque électorat et la part que représentent les électeurs fonctionnaires, en points de pourcentage.*
Lecture : *en 2012, la part de fonctionnaires au sein de l'électorat de Hollande est supérieure de 6 points de pourcentage à la part que représentent les fonctionnaires dans le corps électoral.*

1. Luc Rouban, *La Démocratie représentative est-elle en crise ?*, Paris, La Documentation française, 2018.

Quoique le soutien des fonctionnaires à cette candidate ne soit pas apparent dans les données (elle y fait des scores légèrement inférieurs à ses résultats au niveau national), il le devient lorsque-sont prises en compte les caractéristiques sociologiques de son électorat. Étant moins éduqués, ses électeurs auraient plutôt un biais électoral anti-fonction publique (qui est plus éduquée que la moyenne nationale). Que Le Pen maintienne pourtant ses positions dans cet électorat prouve qu'elle le séduit davantage qu'il n'est visible dans les statistiques.

L'axe gauche-droite perdure aussi pour l'autre grand totem de la vie politique : la propriété. Comme l'ont montré empiriquement Martial Foucault, Richard Nadeau et Michael Lewis-Beck[1], c'est la nature du patrimoine possédé (risqué *vs* non risqué) qui est importante pour distinguer les électorats. Nous entendons ici par patrimoine risqué les formes d'accumulation d'épargne dévolues à la possession de valeurs mobilières, de biens immobiliers destinés à l'investissement locatif et de parts d'entreprise. Combiné aux valeurs économiques des électeurs en faveur du marché ou de l'État, le patrimoine risqué serait privilégié par les électeurs de droite en raison de la croyance du marché à faire bonifier le rendement de leur épargne.

Les résultats en ce domaine sont sans surprise. La droite rassemble les propriétaires, la gauche les repousse. Une seule exception à cette règle : l'élection de 1995, où Chirac là encore, élu sur le thème de la fracture sociale, avait corrigé ce biais pour atteindre la neutralité. Le tableau 6 permet de mesurer la manière dont le vote propriétaire s'est ventilé au premier tour de l'élection de 2017. L'électorat de Mélenchon témoigne d'un biais anti-propriétaire très net, aux antipodes de l'électorat de Fillon. Sur ce terrain Macron est de droite et Le Pen de gauche. En 2012,

---

1. Martial Foucault, Richard Nadeau et Michael S. Lewis-Beck, « La persistance de l'effet patrimoine lors des élections présidentielles françaises », *Revue française de science politique*, vol. 61 (4), 2011, p. 659-680.

TABLEAU 6
Le rôle du patrimoine dans le vote aux élections
présidentielles en 2012 et en 2017 (écarts au score national
de chaque candidat, en points de pourcentage)

	2012					
	Mélenchon	Hollande	Bayrou	Sarkozy	Le Pen	Abstention
Propriétaire	− 0,7	0,3	0,2	1,5	− 0,4	− 0,8
Patrimoine risqué	− 2,2	− 0,6	2,3	5,8	− 1,8	− 3,2

	2017					
	Mélenchon	Hamon	Macron	Fillon	Le Pen	Abstention
Propriétaire	− 1,3	− 0,1	0,7	1,4	− 0,2	− 0,4
Patrimoine risqué	− 4,8	− 0,8	4,9	7,7	− 4,4	− 1,8

Source : Enquête électorale française, CEVIPOF.
Note : la catégorie « Propriétaire » réunit les personnes qui détiennent une résidence principale et/ou une résidence secondaire et/ou un patrimoine immobilier à la location. La catégorie « Patrimoine risqué » inclut les individus détenteurs d'actifs financiers dits risqués, et n'inclut pas, par exemple, les comptes d'épargne, considérés comme non ou moins risqués.
Lecture : par rapport au score national de Mélenchon au premier tour de l'élection présidentielle de 2012, le pourcentage d'électeurs étant propriétaires ayant voté pour lui en 2012 est inférieur de 1,1 point de pourcentage et celui des électeurs détenant un patrimoine risqué est inférieur de 2,3 points de pourcentage.

Mélenchon et Le Pen attirent des électeurs qui ne possèdent pas de patrimoine risqué. En 2017, les écarts sont encore plus marqués et opposent une France des possédants (Fillon et Macron) à une France des non-possédants (Mélenchon et Le Pen). On note également qu'aussi bien Hollande que Hamon sont neutres par rapport à cette question de la propriété. Sans parler ici d'un « embourgeoisement » du PS, on constate qu'en ce domaine comme dans les autres l'électorat socialiste se situe au niveau médian de la société française[1].

1. Le patrimoine moyen des électeurs socialistes s'est rapproché de la moyenne (comme en matière d'éducation, voir note 1, p. 95). Il se situait à

La religion est l'autre marqueur décisif de la vie politique traditionnelle. Comme le remarquait Lewis-Beck : « À travers les années de la Vᵉ République, l'allégeance des croyants aux partis de droite a été inébranlable[1]. » Ce marqueur continue de jouer un rôle très actif en faveur de Sarkozy et plus encore de Fillon. Rappelons que le vote catholique explique en partie la faible confiance interpersonnelle des électeurs de Fillon ou de Sarkozy. À l'inverse, Hollande en 2012 comme Mitterrand en 1988 gagnent systématiquement des points grâce à l'électorat laïque[2]. Le vote communiste d'hier comme le vote Mélenchon aujourd'hui sont tout aussi solidement ancrés dans ce camp. La situation des électeurs de Le Pen est également à cet égard parfaitement claire : ils se situent dans le camp conservateur. Parmi 100 catholiques ayant voté au premier tour de l'élection présidentielle, Le Pen en attire 24, Fillon 25 et Macron 22. C'est un signe de plus que l'électorat de Le Pen n'est pas dans la filiation de celui de Marchais, lequel était très négativement corrélé au vote catholique.

---

94 % de la moyenne en 1988 ; il est passé à 97 % en 2017. Les électeurs de Mélenchon, dont le niveau a aussi progressé par rapport aux électeurs communistes, se situent à 89 %, tandis que les électeurs de Le Pen sont à 92 % de la moyenne. La droite filloniste reste bien au-dessus de la moyenne, à 122 % de celle-ci, talonnée par les électeurs de Macron, à 111 %.

1. Michael S. Lewis-Beck, « Economics and the French Voter : A Micro analysis », *Public Opinion Quarterly*, 47, 1983, p. 347-360, cité dans Éric Bélanger, Richard Nadeau, Michael S. Lewis-Beck, Bruno Cautrès et Martial Foucault, *Le Vote des Français de Mitterrand à Sarkozy, op. cit.*

2. Le politiste Vincent Tiberj montre que la religion reste un marqueur structurant du clivage gauche-droite, puisque les catholiques pratiquants ont en moyenne 2 fois plus de chances de voter à droite depuis 1988 et, à l'inverse, les sans-religion ont environ 1,5 fois plus de chances de voter à gauche sur la période 1988-2012. Voir Vincent Tiberj, *Les Citoyens qui viennent*, Paris, PUF, 2018.

Le tableau 7 décompose la manière dont le vote, aux deux élections de 2012 et de 2017, a été façonné par le vote catholique. On y retrouve la très forte mobilisation des catholiques pratiquants en faveur de Sarkozy en 2012, dès le premier tour, et plus encore en faveur de Fillon en 2017. Le Pen bénéficie d'un léger avantage auprès des catholiques non pratiquants, qu'elle perd toutefois chez les pratiquants. La comparaison entre les votes Bayrou et Macron est également éclairante. Le vote centriste a longtemps attiré les voix des croyants, à l'exception de

TABLEAU 7
Rôle de la religion dans le vote aux élections présidentielles de 2012 et de 2017 (écart au score national, en points de pourcentage)

	2012					
	Mélenchon	Hollande	Bayrou	Sarkozy	Le Pen	Abstention
Catholiques (total)	– 4,0	– 3,0	0,9	7,1	2,3	– 2,3
Catholiques (non pratiquants)	– 3,7	– 2,5	0,6	6,3	2,6	– 2,0
Catholiques (pratiquants)	– 7,2	– 8,5	4,7	17,0	– 1,0	– 5,7

	2017					
	Mélenchon	Hamon	Macron	Fillon	Le Pen	Abstention
Catholiques (total)	– 6,2	– 1,5	– 0,6	6,9	2,4	– 1,2
Catholiques (non pratiquants)	– 5,8	– 1,4	– 0,5	5,4	3,2	– 1,0
Catholiques (pratiquants)	– 12,0	– 1,9	– 2,3	27,6	– 7,2	– 4,9

Source: *Enquête électorale française, CEVIPOF.*
Lecture: *par rapport au score national de Mélenchon au premier tour de l'élection présidentielle de 2012, le pourcentage d'électeurs se déclarant catholiques ayant voté pour lui en 2012 est inférieur de 3,4 points de pourcentage et inférieur de 6,8 points de pourcentage s'agissant des « catholiques pratiquants ».*

l'élection de 2007 où Bayrou était parvenu à élargir son électorat traditionnel. L'élection de Macron en 2017, qui en est en partie l'héritier, chahute l'électorat centriste, plus encore qu'en 2007. Macron hérite d'une part significative de voix socialistes, ce qui fait tourner les aiguilles : le vote laïque lui apporte des points, ce qui est une originalité majeure pour un candidat réputé centriste.

L'élection de 2017 transforme, sans l'annuler, le rôle des variables « lourdes » de la sociologie électorale que sont la religion, la propriété et la fonction publique. Concernant les voix catholiques, les résultats obtenus dans le tableau précédent (et confirmés économétriquement) semblent invalider la thèse selon laquelle la France s'est déchristianisée[1]. La religion n'a manifestement plus la même signification qu'auparavant : comme nous le verrons dans la section suivante, elle est devenue une variable davantage individuelle que collective. Au moment du vote, toutefois, le facteur religieux reste important, même si la correspondance avec les grands territoires catholiques est devenue plus faible. Ainsi, au niveau communal, le vote catholique est beaucoup moins prégnant. L'avantage donné à Fillon, par exemple, dans les communes traditionnellement comptées à droite (du fait de leur opposition à la Révolution française) demeure, mais il n'est plus que de 2 % lorsque les facteurs sociaux sont pris en compte. À l'inverse, de manière paradoxale, les voix de Macron se font davantage dans des communes de tradition catholique, même si au niveau individuel ce n'est pas le cas de son électorat. C'est le contraire pour les électeurs de Le Pen : ils sont plus souvent catholiques que ne le laisse présager la tradition religieuse de leurs communes de résidence.

---

1. Jérôme Fourquet, *L'Archipel français, op. cit.*

Vote de classe et vote individuel

Au-delà de l'opposition public-privé, et une fois prises en compte la religion et la propriété, le vote de classe joue un rôle très faible pour expliquer le vote en faveur de la gauche, que ce soit pour Hollande ou Mélenchon. D'un point de vue économétrique, une fois prises en compte les autres caractéristiques des électeurs, la variable « ouvrier » n'a plus de pouvoir explicatif[1]. Tout se passe comme si, à gauche, le partage public-privé épuisait la question sociale. La situation est plus contrastée à droite. La droite traditionnelle reste marquée par la désaffection du vote des classes populaires (ouvriers et employés), à l'exception de la percée de Sarkozy en 2007 au détriment de Jean-Marie Le Pen. Cette désaffection des voix ouvrières pour la droite traditionnelle est manifeste en 2012 comme en 2017.

À l'inverse, les électorats de Le Pen et de Macron présentent des caractéristiques très typées socialement (tableau 8). Macron est très populaire chez les cadres, tandis que Le Pen fait ses meilleurs scores chez les ouvriers et les employés. Est-ce le fait d'appartenir à une classe sociale, ou bien sont-ce les caractéristiques individuelles des électeurs qui jouent un rôle crucial dans cette opposition ? En prenant en compte l'éducation, le revenu et le patrimoine ou les variables subjectives que sont le bien-être et la confiance, l'avantage de Le Pen auprès des ouvriers, en tant que

---

1. Les caractéristiques individuelles qui sont prises en compte, outre celles qui ont déjà été citées (fonction publique, religion et propriété), sont l'âge, le genre, l'éducation, le revenu et la catégorie socioprofessionnelle. Elles jouent toutes dans le sens attendu : le revenu et l'éducation favorisent la droite et le centre, à l'exception du vote FN, où c'est le contraire. L'éducation favorise aussi Hamon, mais ne joue aucun rôle pour expliquer le vote en faveur de Mélenchon.

catégorie socioprofessionnelle, n'est plus aussi marqué. L'avantage de 13 points que lui donne cet électorat tombe à 4,8 points lorsque les caractéristiques individuelles des électeurs sont prises en compte. C'est un terme qui est significatif, mais qui montre aussi le rôle important des variables individuelles par rapport aux variables sociales lorsqu'il s'agit d'expliquer le vote. Dans le cas de Macron, la prise en compte des variables individuelles assèche le pouvoir explicatif de la catégorie « cadre ». Le vote de classe est donc en partie une illusion pour ces deux candidats, il reflète en grande partie la situation individuelle des électeurs.

TABLEAU 8

Vote au premier tour des élections présidentielles de 2012 et de 2017 selon la catégorie socioprofessionnelle, en écart au score national (en points de pourcentage)

	2012					
	Mélenchon	Hollande	Bayrou	Sarkozy	Le Pen	Abstention
Fonctionnaires	1,4	5,0	0,2	− 3,6	− 1,5	− 1,8
Prof. intermédiaires	1,8	2,8	1,6	− 2,0	− 3,8	− 1,8
Cadres	− 0,7	2,4	3,6	4,8	− 7,8	− 2,2
Ouvriers	1,1	− 1,4	− 3,8	− 7,1	10,0	1,9
Employés	− 0,9	− 0,1	− 1,3	0,6	2,1	0,4

	2017					
	Mélenchon	Hamon	Macron	Fillon	Le Pen	Abstention
Fonctionnaires	1,3	1,2	2,2	− 2,6	− 0,6	− 0,7
Prof. intermédiaires	1,8	1,4	3,3	− 0,4	− 5,1	− 0,8
Cadres	− 4,0	0,4	8,8	8,5	− 9,5	− 1,9
Ouvriers	3,0	− 2,3	− 6,5	− 9,0	12,5	0,9
Employés	− 1,4	− 0,2	− 2,1	0,4	2,9	− 0,2

Source : Enquête électorale française, CEVIPOF.
Lecture : par rapport au score national de Hollande au premier tour de l'élection présidentielle de 2012, les fonctionnaires ayant voté pour lui sont 6 points de pourcentage plus nombreux.

De manière plus générale, les caractéristiques sociodémographiques individuelles ne fournissent qu'une part assez limitée de l'explication des choix électoraux. Dans leur ouvrage *Le Vote des Français de Mitterrand à Sarkozy*[1], les auteurs concluaient : « ces variables n'expliquent que 6 % de la différence entre les votes déclarés au cours de la période que nous analysons [1988-2007] ». Ces résultats sont similaires à ceux que l'on observe dans d'autres pays, notamment au Canada[2], en Grande-Bretagne[3] et aux États-Unis[4]. On les retrouve dans les élections de 2012 et de 2017 (tableau 9).

La prise en compte des variables subjectives permet d'améliorer la précision de la régression, sans toutefois changer le diagnostic global d'une forte hétérogénéité du vote. Au second tour de l'élection présidentielle de 2017, les variables subjectives (confiance et bien-être) permettent de doubler le pouvoir explicatif du modèle. Au second tour de 2012, leur pouvoir explicatif était moindre, notamment pour le vote en faveur de Sarkozy. Les électeurs de droite traditionnelle votent avant tout en fonction de variables traditionnelles (la propriété et la religion), laissant de côté leur subjectivité : dans le cas de Fillon, au premier tour, elle ne joue qu'un rôle marginal.

1. Éric Bélanger, Richard Nadeau, Michael S. Lewis- Beck, Bruno Cautrès et Martial Foucault, *Le Vote des Français de Mitterrand à Sarkozy*, *op. cit.*

2. André Blais, Elisabeth Gidengil, Richard Nadeau et Neil Nevitte, *Anatomy of a Liberal Victory : Making Sense of the Vote in the 2000 Canadian Election*, Peterborough, Broadview Press, 2002.

3. Harold D. Clarke, David Sanders, Marianne C. Stewart et Paul Whiteley, *Political Choice in Britain*, Oxford, Oxford University Press, 2004.

4. Michael S. Lewis-Beck, William G. Jacoby, Helmut Norpoth et Herbert F. Weisberg, *The American Voter Revisited*, Ann Arbor, University of Michigan Press, 2008.

TABLEAU 9

Pouvoir explicatif des variables socioéconomiques, culturelles et subjectives pour les premiers et seconds tours des élections présidentielles de 2012 et de 2017

	2012 Hollande	Sarkozy	2017 Macron	Le Pen
Variables socioéconomiques	4 %	6 %	3 %	4 %
+ variables subjectives	6 %	8 %	7 %	8 %

Source : *Enquête électorale française, CEVIPOF.*
Note : *le tableau présente la part des différences dans les votes individuels qui est expliquée par les variables socioéconomiques et culturelles. Les variables « socioéconomiques + religion » prennent en compte : l'âge, le sexe, le revenu, si l'individu travaille dans le secteur public ou privé, s'il est cadre ou ouvrier, propriétaire d'un bien immobilier, et sa religion s'il en a une. Les variables subjectives représentent le bien-être déclaré et la confiance. Techniquement : ce sont les pseudo-R² issus de régressions logistiques, modélisant le vote pour un candidat. Le pseudo-R² est une façon de mesurer le pouvoir explicatif d'un modèle : plus il est élevé, mieux le modèle explique, dans notre cas, le vote pour tel candidat plutôt qu'un autre.*
Lecture : *dans le modèle du vote pour second tour de l'élection présidentielle de 2017, l'ajout des variables subjectives fait passer le pseudo-R² de 4 % à 8 %, ce qui signifie que le pouvoir explicatif du modèle de vote pour Le Pen au second tour est doublé.*

La formidable dispersion du vote individuel se réduit néanmoins considérablement dès qu'on agrège un tant soit peu le vote des individus. Le vote au niveau des communes est ainsi beaucoup plus simple à expliquer que le vote individuel, en dépit de leur forte hétérogénéité sociale. Le vote des 35 000 communes françaises s'explique dans une large mesure par les caractéristiques de ces dernières. S'il est difficile de prédire le vote d'un ouvrier pris isolément, c'est-à-dire sans tenir compte de son environnement de résidence ou de travail, il est beaucoup plus facile de prédire le vote d'une commune dont le nombre d'ouvriers est plus ou moins élevé (tableau 10).

TABLEAU 10
Pouvoir explicatif du vote présidentiel
au niveau communal (en %)

	Mélenchon	Hamon	Macron	Fillon	Le Pen
Variables socioéconomiques	33,7	30,7	51,2	41,8	51,1
avec variables culturelles	35,6	38,3	59,1	43,0	58,4

Source: résultats électoraux, CEVIPOF. Recensements harmonisés 1968-2015, INSEE.
Note: R² ajustés issus des régressions OLS (méthode des moindres carrés ordinaires). Le modèle comporte des variables concernant la structure socioéconomique des communes (en termes d'âge, de CSP, de niveaux d'éducation, taux de chômage et taille de la commune) et des variables culturelles (tradition religieuse, intégration selon Le Bras).

Il y a plusieurs manières d'interpréter ce résultat. Une première explication est que les différences inobservées qui expliquent le vote individuel, les frustrations accumulées au cours de sa vie professionnelle, les idéologies familiales, sont lissées en moyenne à l'échelle d'une commune[1]. Une autre, non exclusive, consiste à dire que les votes communaux ont une meilleure cohérence que les votes individuels parce qu'il existe une dimension collective dans le vote (« Je vote comme mes proches »). C'est le cas des électeurs de Fillon et de Mélenchon: les caractéristiques moyennes

1. Lors de l'élection présidentielle de 2017, la sociologue Anne Muxel montrait que « la famille reste un lieu décisif de la fabrique des orientations idéologiques. Près des deux tiers des Français (63 %) s'inscrivent dans la continuité des choix idéologiques de leurs parents: 22 % à droite, 21 % à gauche et 20 % ni à gauche ni à droite. La rupture dans la filiation reste marginale. Seuls 11 % reconnaissent avoir changé de camp politique par rapport à leurs deux parents, et seuls 10 % se déclarent ni de gauche ni de droite alors que leurs parents étaient soit de gauche soit de droite. Enfin, 17 % connaissent des situations hétérogènes ne permettant pas de repérer une claire filiation ou désaffiliation ». Anne Muxel, « La politique dans la chaîne des générations », *Revue de l'OFCE*, n° 156, 2018, p. 29-41.

de la commune (par exemple, le revenu moyen) expliquent fortement le vote individuel, indépendamment des caractéristiques propres de la personne elle-même. Même en contrôlant par le revenu individuel, les habitants des zones riches ont toujours plus tendance à voter pour Fillon et ceux des zones pauvres toujours plus pour Mélenchon. Il y a une dimension collective au vote qui excède les caractéristiques individuelles. À l'inverse, l'environnement de la commune influe beaucoup moins sur le vote en faveur de Macron ou de Le Pen. On l'a vu pour la religion, et c'est également vrai pour le niveau de revenu : le niveau de vie de la commune où les électeurs résident a un pouvoir explicatif faible pour comprendre leur vote, une fois pris en compte leur propre revenu. Ils partagent une vision beaucoup plus individualiste de leurs conditions d'existence que les électeurs de Mélenchon et de Fillon. C'est moins un vote de classe qu'un vote d'individus heureux ou malheureux.

Conclusion

La rupture de 2017, par rapport à 2012, ne résulte pas des seules circonstances qui ont conduit le candidat de droite à perdre une bataille réputée gagnée d'avance. Elle est le fruit de glissements souterrains beaucoup plus profonds, déjà perceptibles en 2002 et en 2007. La victoire de Jean-Marie Le Pen sur Lionel Jospin, considérée comme exceptionnelle à l'époque, avait déjà montré le potentiel de rassemblement du Front national dans les catégories populaires (contrairement, par exemple, à son socle électoral de 1988). Le résultat de Bayrou en 2007 avait également fait poindre la capacité du centre à agréger un électorat plus large.

À l'échelle des quatre dernières décennies, la rupture majeure est indiscutablement l'effondrement du vote communiste et l'émergence de celui en faveur du Front national. L'élection de 1981, actualisée par l'évolution des données socioéconomiques contemporaines, montre que le vote communiste, loin d'être condamné par l'évolution du monde social, disposait des ressources qui lui auraient permis de rester à un étiage élevé. Mais les classes populaires ont perdu la force politique que leur conférait la société industrielle. Elles sont devenues des classes malheureuses, constituées d'individus isolés, habités par une défiance à l'égard d'autrui qui n'est certes pas neuve mais qui s'est imposée au fil du temps comme le marqueur du choix politique d'une partie importante d'entre elles. Constamment déçues par l'exercice du pouvoir, de droite ou de gauche, elles ont trouvé dans le vote en faveur du Front national une expression de leur colère.

Ne disposant chacun que de 20 % à 25 % des voix, chaque camp, de droite ou de gauche, antisystème ou non, doit réfléchir aux alliances qu'il doit nouer pour parvenir au pouvoir. Peut-on imaginer un front antisystème, comme en Italie ? Avant d'en examiner la possibilité, dans une perspective de comparaison internationale plus large, étudions le mouvement des Gilets jaunes français, qui a pu apparaître comme une préfiguration d'une alliance antisystème à la française.

CHAPITRE 7

Les Gilets jaunes[1]

Les Gilets jaunes sont apparus dans l'espace politique français au cours de l'automne 2018, en réaction à une hausse des taxes sur les carburants. Une pétition de Priscillia Ludosky pour la dénoncer a recueilli plus d'un million de signataires, tandis qu'une vidéo de Jacline Mouraud a comptabilisé plus de 6 millions de vues en novembre. Le mouvement s'est mobilisé autour des ronds-points, symboles de la mobilité automobile et de la transformation des infrastructures routières (on compte près de 65 000 carrefours giratoires en France[2], soit deux fois plus que le nombre de communes...). Tous les samedis, des appels à se rassembler dans les grandes villes françaises ont été lancés, suivis par près de 300 000 personnes selon le ministère de l'Intérieur. Une enquête de l'institut Ipsos publiée en décembre avait testé une candidature Gilets jaunes aux élections européennes. La liste aurait obtenu, à l'époque, 12 % des suffrages. Même si, au fil du temps, le mouvement a progressivement perdu de son importance, il reste un moment décisif de la vie politique

---

1. Ce chapitre reprend en partie la note « Qui sont les Gilets jaunes et leurs soutiens ? », rédigée par les auteurs et Madeleine Péron, *Observatoire du bien-être du CEPREMAP et CEVIPOF*, n° 2019-03, 14 février 2019.
2. https://beyondthemaps.wordpress.com/2018/08/26/repartition-des-ronds-points-en-france-edition-2018/

française, en ce qu'il a fait apparaître une possible alliance des forces antisystème, sur le modèle qui s'est imposé en Italie. L'analyse des forces et des faiblesses de ce mouvement offre donc un formidable laboratoire pour comprendre l'idéologie antisystème et la recomposition politique que l'élection de Macron a créée.

Qui sont les Gilets jaunes ?

Selon les résultats du baromètre de confiance du CEVIPOF, 30 % des personnes interrogées déclarent soutenir tout à fait les Gilets jaunes, 30 % les soutiennent plutôt, tandis que 30 % ne les soutiennent plutôt pas ou pas du tout. Il faut bien sûr distinguer les Gilets jaunes eux-mêmes de ceux qui les soutiennent, et nous revenons sur cette distinction plus bas.

La figure 33 montre l'appartenance politique des groupes qui soutiennent « tout à fait » (soutien fort) ou « plutôt » (soutien faible) les Gilets jaunes.

On voit un très fort contraste entre ces deux populations. Ceux qui soutiennent « tout à fait » les Gilets jaunes sont issus de l'opposition à Macron. Seuls 5 % de ceux qui les soutiennent « tout à fait » ont voté pour le locataire de l'Élysée. Dans la catégorie des soutiens plus modérés (« plutôt »), le spectre partisan est au contraire beaucoup plus large, où les électeurs de Macron tiennent leur place. Dans ce chapitre, nous porterons notre attention sur le premier groupe, les soutiens que nous pourrions qualifier d'indéfectibles. Ils sont surtout issus des électorats de Mélenchon et de Le Pen, l'avantage revenant à cette dernière.

FIGURE 5

Probabilité de voter pour le Front national
par revenu et niveau de satisfaction dans la vie

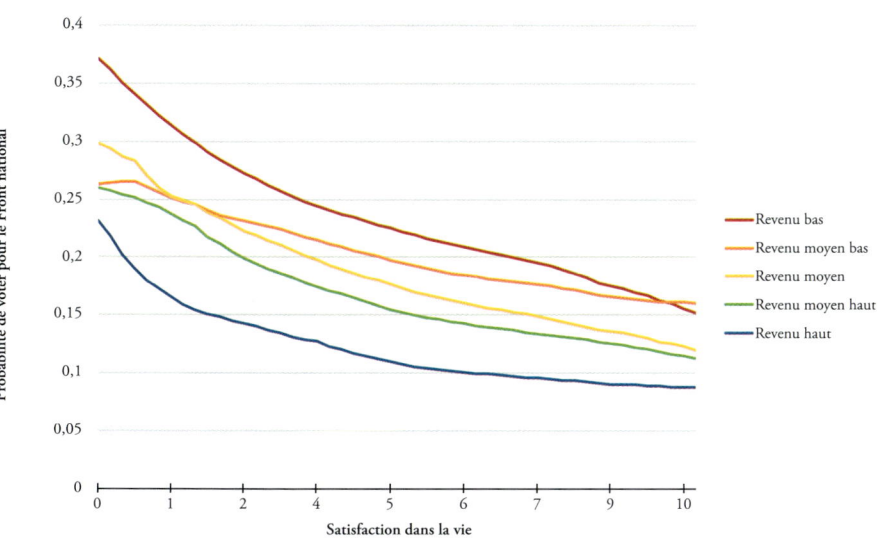

Source — Enquête électorale française, CEVIPOF.

Note — Le revenu est divisé en quintiles, chaque catégorie représente 20 % de l'échantillon. La satisfaction dans la vie se réfère à la question : «Dans quelle mesure êtes-vous satisfait de la vie que vous menez (sur une échelle de 0 à 10)?».

Lecture — Les individus très insatisfaits de leur vie (qui répondent 0/10) et qui ont un revenu moyen ont une probabilité de 30 % de voter pour le Front national.

Figure 39.a

Carte socio-économique du bien-être

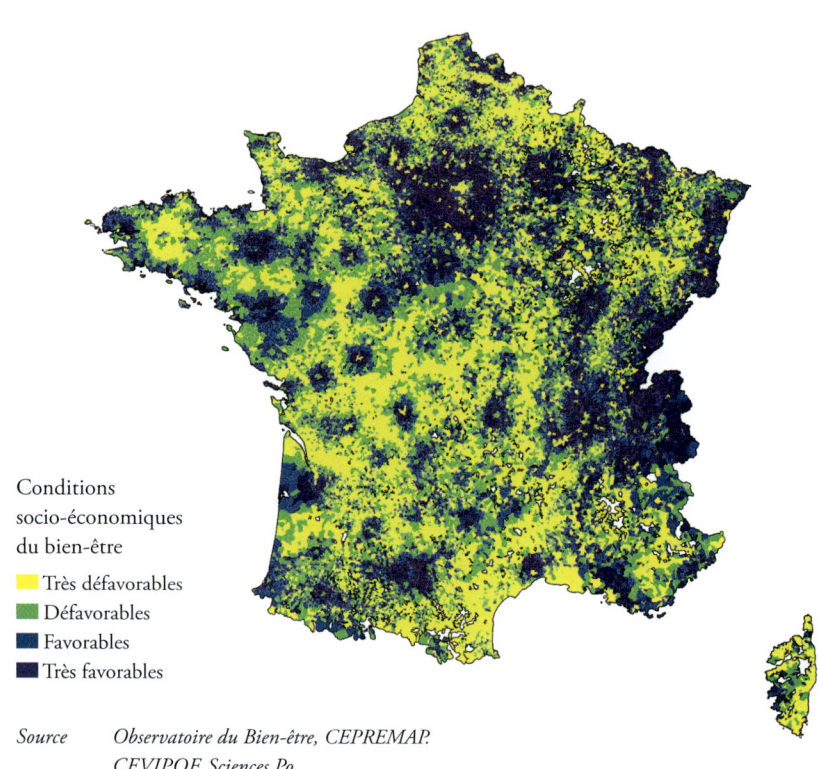

Conditions
socio-économiques
du bien-être

- ■ Très défavorables
- ■ Défavorables
- ■ Favorables
- ■ Très favorables

Source   Observatoire du Bien-être, CEPREMAP.
          CEVIPOF, Sciences Po.

Note   Résultats du modèle « Conditions socio-économiques du bien-être ».

FIGURE 39.b

Carte politique de la confiance

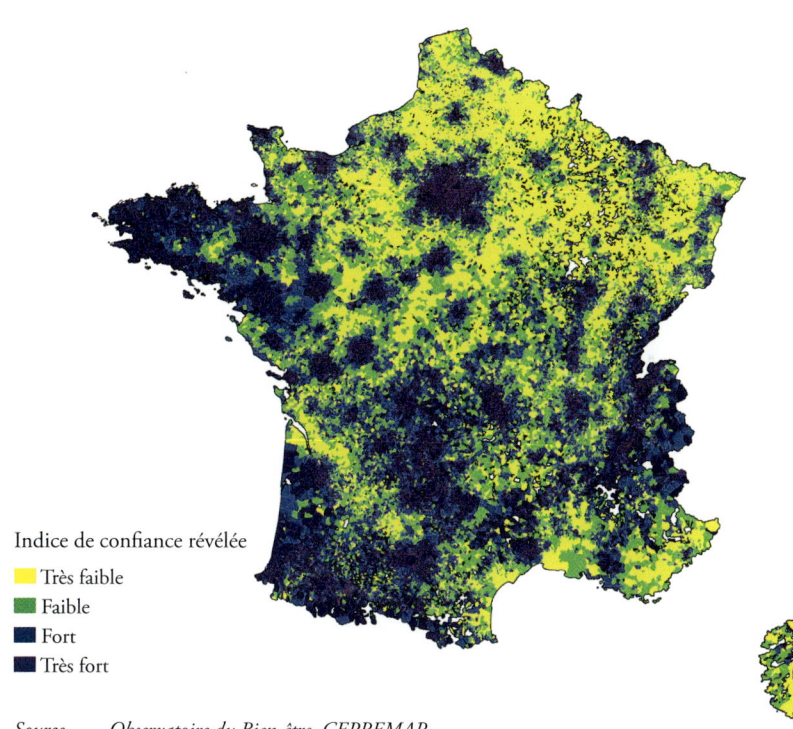

Indice de confiance révélée

■ Très faible
■ Faible
■ Fort
■ Très fort

Source   *Observatoire du Bien-être, CEPREMAP.*
          CEVIPOF, Sciences Po.

Note   *Résultats du modèle « Confiance et politique ».*

FIGURE 10

Satisfaction dans la vie et confiance interpersonnelle moyennes selon le vote au premier tour de l'élection présidentielle de 2017

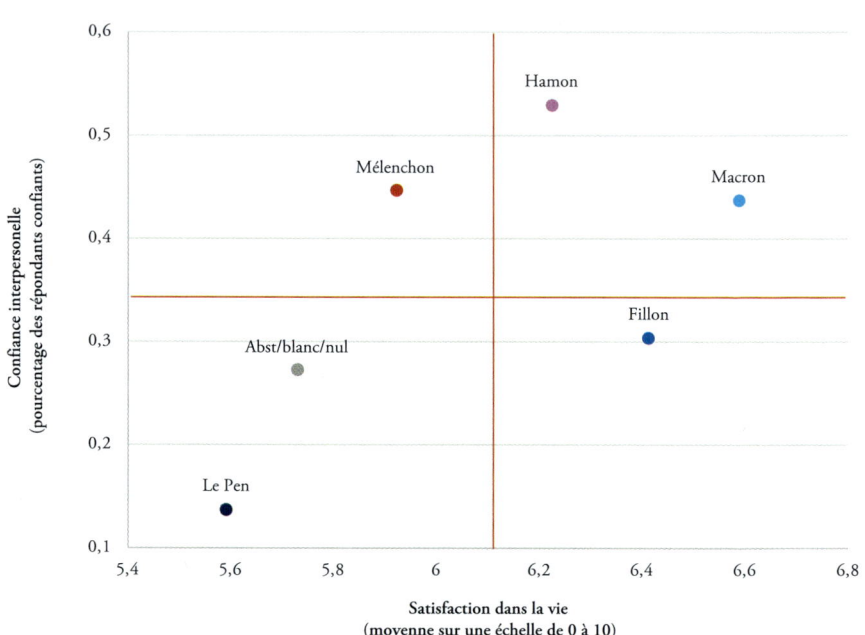

Source   *Enquête électorale française, CEVIPOF.*

Note   *Moyenne pondérée des réponses aux questions suivantes. Confiance interpersonnelle : « D'une manière générale, diriez-vous que l'on peut faire confiance à la plupart des gens (1) ou que l'on n'est jamais assez prudent quand on a affaire aux autres (0) ? » Satisfaction dans la vie : « Dans quelle mesure êtes-vous satisfait de la vie que vous menez (sur un échelle de 0 à 10) ? ». Les lignes horizontales et verticales représentent la moyenne pour chaque question.*

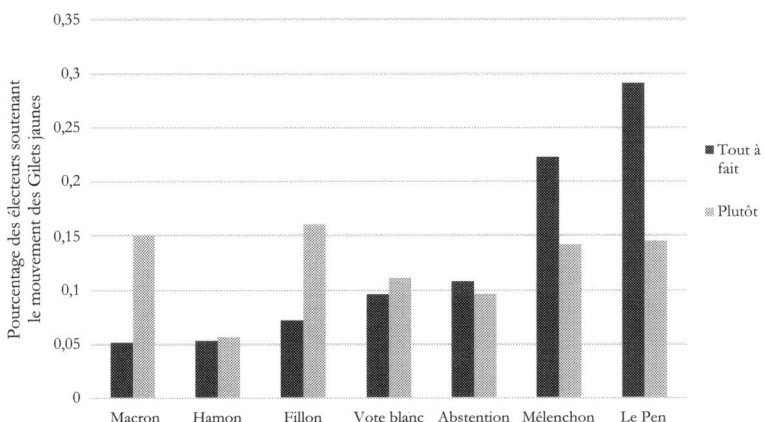

FIGURE 33
Répartition des enquêtés ayant répondu
« Je soutiens tout à fait » et « Je soutiens plutôt »
selon leur vote en 2017

Source : Baromètre de la confiance politique (2018), vague 10, CEVIPOF.
Note : pourcentage d'électeurs ayant répondu « Tout à fait » ou « Plutôt » à la question : « Diriez-vous que vous soutenez ou non le mouvement des Gilets jaunes ? » selon le vote au premier tour de l'élection présidentielle de 2017.

Quelle est la sociologie des soutiens aux Gilets jaunes ? 49 % des ouvriers et près de 35 % des employés soutiennent « tout à fait » les Gilets jaunes, ainsi que 27,5 % des retraités (figure 34). Près de 70 % de ceux qui soutiennent fortement les Gilets jaunes vivent dans un ménage dont le revenu disponible net est inférieur à 2 480 euros par mois – soit le revenu médian en France. Ce résultat apporte un premier éclairage sur l'origine sociale des soutiens et met en évidence une plus forte empathie du mouvement auprès de catégories plus vulnérables aux transformations du monde économique.

FIGURE 34
Intensité du soutien aux Gilets jaunes selon
la catégorie socioprofessionnelle

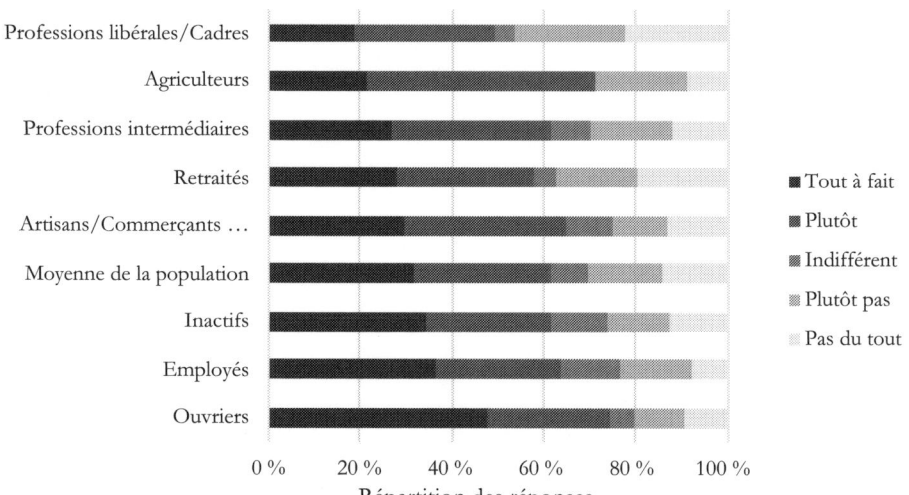

Source : Baromètre de la confiance politique (2018), vague 10, CEVIPOF.
Note : répartition des réponses selon les 5 modalités (« tout à fait », « plutôt », « indifférent », « plutôt pas », « pas du tout ») à la question : « Diriez-vous que vous soutenez ou non le mouvement des Gilets jaunes ? » par catégorie socioprofessionnelle.

Où se situent les personnes qui soutiennent les Gilets jaunes dans l'espace à deux dimensions constitué par le revenu et l'éducation, que nous avons utilisé au chapitre II pour cartographier l'élection présidentielle de 2017 (figure 35) ?

FIGURE 35
Éducation et revenus moyens
selon l'intensité du soutien aux Gilets jaunes

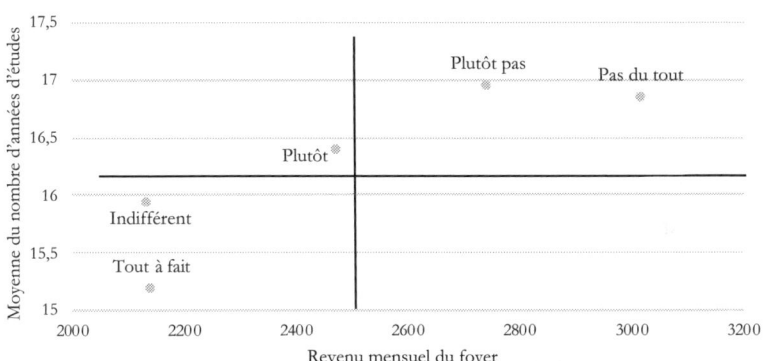

Source : Baromètre de la confiance politique (2018), vague 10, CEVIPOF.
Note : moyenne en termes d'éducation et de revenu des différentes réponses à la question : « Diriez-vous que vous soutenez ou non le mouvement des Gilets jaunes ? » Le niveau d'éducation est mesuré par le nombre d'années d'études correspondant au diplôme déclaré.

De manière assez nette, le soutien et l'opposition aux Gilets jaunes se situent le long de la diagonale Macron-Le Pen qui, comme on l'a vu au chapitre II, oppose gagnants et perdants des transformations récentes du monde social et économique (figure 7). Sur cette question qui a dominé le discours politique français pendant des mois, l'horizontale caractérisant l'opposition Mélenchon-Fillon a quasiment disparu.

Cette diagonalisation des passions politiques se retrouve dans le deuxième graphique (figure 36), qui met en scène à la fois le bien-être et la confiance interpersonnelle.

FIGURE 36
Les réponses à la question : « Soutenez-vous les
Gilets jaunes ? » en fonction du sentiment d'avoir
réussi sa vie et de la confiance interpersonnelle

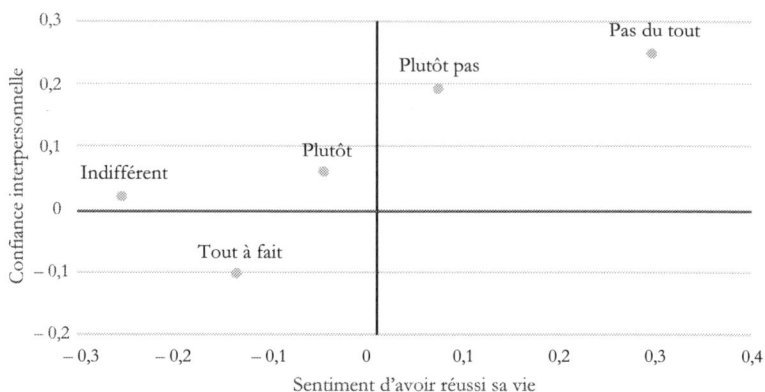

Source : *Baromètre de la confiance politique (2018), vague 10, CEVIPOF.*
Note : moyenne standardisée et pondérée. Le soutien au mouvement des Gilets jaunes est mesuré par la
question : «Diriez-vous que vous soutenez ou non le mouvement des Gilets jaunes ?» avec les 5 modalités
de réponses décrites ici. La confiance interpersonnelle est mesurée par la réponse à la question : «D'une
manière générale, diriez-vous que l'on peut faire confiance à la plupart des gens ou que l'on n'est jamais
assez prudent quand on a affaire aux autres ?» Le sentiment d'avoir réussi sa vie est mesuré par la
réponse à la question : «Dans quelle mesure avez-vous le sentiment d'avoir réussi dans la vie (sur une
échelle de 0 à 10) ?»

Les soutiens aux Gilets jaunes sont dans le quadrant de
Le Pen, marqué par une faible confiance interpersonnelle et une
faible satisfaction dans la vie. En analysant leurs préférences
partisanes, les Gilets jaunes sont en fait un agrégat de la protestation qui s'est manifestée dans le vote en faveur des deux partis
antisystème. Ils font preuve d'une méfiance très marquée à l'égard
des institutions. Dans notre enquête, 79 % des soutiens déclarent
n'avoir pas du tout confiance dans le gouvernement (moyenne à
47 %). C'est le cas le plus extrême. Sur des institutions moins

directement liées à la figure présidentielle, l'écart reste important : 61 % d'entre eux n'ont pas confiance en l'Union européenne contre 35 % en moyenne.

Le graphique suivant situe leur méfiance à l'égard du gouvernement, relativement aux électorats de la présidentielle.

FIGURE 37
Confiance dans le gouvernement. Comparaison
entre les électorats de la présidentielle de
2017 et les soutiens aux Gilets jaunes

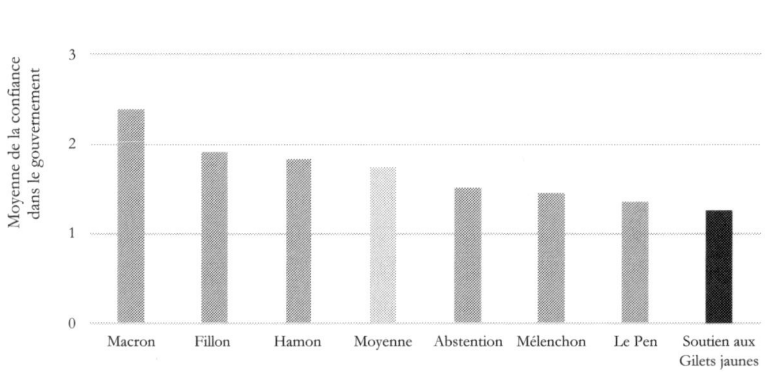

Source : *Baromètre de la confiance politique (2018), vague 10, CEVIPOF.*
Note : *moyennes pour chaque électorat et les soutiens « forts » des réponses à la question : « Avez-vous confiance dans les institutions suivantes : le gouvernement ? », de 1 (« pas du tout confiance ») à 4 (« très confiance »).*

Sur le terrain des valeurs, les réponses des Gilets jaunes sur le mariage pour tous, par exemple, sont moins clivées que celles des électeurs de Le Pen ou de Mélenchon. La question de l'immigration, qui est l'un des totems de l'électorat de Le Pen, est également plus ouverte. Ceux qui soutiennent tout à fait les Gilets jaunes se situent, à nouveau, entre Mélenchon et Le Pen. Mais 83 % des soutiens des Gilets jaunes sont hostiles à la mondialisation, ce qui les rapproche ici davantage de Le Pen. En matière de redistribution, à l'inverse, les Gilets jaunes ont repris à leur compte l'idée qu'une forte redistribution est nécessaire. 51 % de ceux qui soutiennent tout à fait le mouvement des Gilets jaunes considèrent que, « pour assurer la justice sociale, il faut prendre aux riches pour donner aux pauvres » (contre 7 % de ceux qui ne soutiennent pas du tout le mouvement), ce qui les rapproche davantage de l'électorat de Mélenchon que de celui de Le Pen.

Les soutiens aux Gilets jaunes témoignent ainsi d'une détestation beaucoup plus forte de l'État que la moyenne des électeurs, mais sur le reste ils mêlent, dans des proportions variées, des attitudes proches de celles de l'électorat de Mélenchon sur le terrain de la redistribution, et plus proches de la droite traditionnelle sur le terrain des valeurs.

Géographie de la crise sociale

Les Gilets jaunes marquent la rencontre d'une crise sociale et d'une crise territoriale. Ce mouvement fut essentiellement mobilisé dans un espace géographique qui regroupe des unités urbaines de taille intermédiaire (entre 20 000 et 100 000 habitants) où les commerces de proximité et les services publics se font rares, et dont le seul lieu de socialisation symbolique est devenu le rond-point.

À titre d'illustration, dans l'Est, les grandes villes comme Besançon, Strasbourg, Metz ou Reims ont été peu concernées par la mobilisation des Gilets jaunes. En revanche, les manifestations et les rassemblements autour des ronds-points ont été beaucoup plus intenses dans les petites agglomérations des alentours : Bar-le-Duc, Dole ou Thionville, fortement marquées par la désindustrialisation et une démographie déclinante. Dans le Sud, si des villes comme Toulouse et Bordeaux ont bien été le théâtre de manifestations périodiques, ces dernières drainaient avant tout des Gilets jaunes en provenance des villes intermédiaires des alentours, à l'instar de Foix ou Pamiers en Ariège. Dans le Nord, ce sont surtout les petites villes comme Laon ou Soissons qui se sont mobilisées, plus qu'Amiens. Notons par ailleurs la structure particulière de ces unités urbaines de taille moyenne. Le plus souvent, la commune centrale ne regroupe que 20 % de la population totale de l'unité (par exemple, Ballancourt-sur-Essonne, Cluses, Dives-sur-Mer, Esbly, etc.), à laquelle est associé un réseau de très petites agglomérations désertifiées. Les seuls points de ralliement dans ces structures se trouvent alors être les ronds-points ou les grands supermarchés relégués dans des zones commerciales hors des villes.

Le sentiment de solitude des habitants de ces unités urbaines est bien illustré par la part des personnes y déclarant être insatisfaites de leurs relations sociales avec leurs amis et leurs familles (figure 38). Ces territoires ne se distinguent pas des communes rurales ou des grandes métropoles par leur cadre de vie, la qualité du logement ou encore la sécurité, problèmes rencontrés beaucoup plus fréquemment dans les grandes villes comme Paris[1]. Ils subissent en revanche un délitement beaucoup plus fort du tissu social, marqué par la fermeture des lieux de convivialité que sont les commerces de proximité et les bars et restaurants.

1. Voir à ce sujet Madeleine Péron et Mathieu Perona, « Bonheur rural, malheur urbain ? », *Note de l'Observatoire du bien-être du CEPREMAP*, n° 2018-07, 8 novembre 2018.

FIGURE 38
Satisfaction vis-à-vis de ses relations
selon le type d'unité urbaine

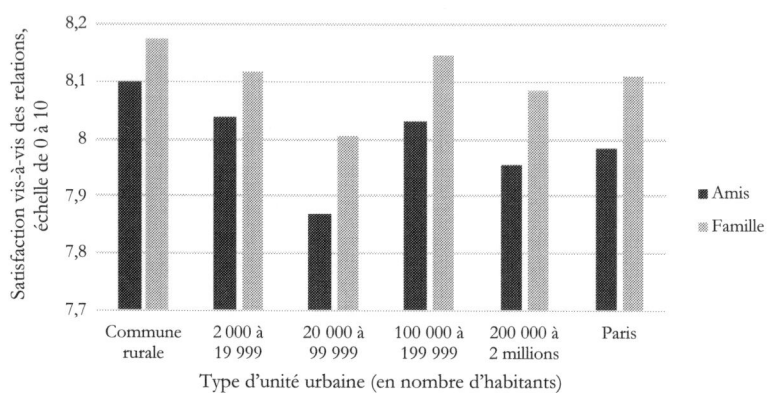

Source : Statistiques sur les ressources et les conditions de vie (SRCV), INSEE, vagues 2011-2016.
Note : moyenne pondérée des réponses à la question : « Sur une échelle de 0 à 10, à quel point êtes-vous satisfait des relations avec vos amis et les membres de votre famille ? », selon la taille de l'unité urbaine.

Pour avancer dans cette analyse, nous avons construit deux cartes de France : l'une selon le bien-être et l'autre selon la confiance. Elles nous permettront de repérer la position des Gilets jaunes sur l'une et l'autre. Pour la carte bien-être, nous avons mené une analyse économétrique du bien-être des individus. Cette étude permet de pondérer le rôle du revenu, du chômage, de l'éducation, de l'âge, de la catégorie socioprofessionnelle et du lieu de vie dans l'explication du bien-être individuel. Nous appliquons ensuite l'équation obtenue pour calculer un indicateur du bien-être au niveau communal. Cet indicateur composite est plus riche que le seul revenu moyen de la commune, car il agrège aussi des variables individuelles telles que le chômage ou la PCS, dont l'incidence subjective est plus subtile que le seul pouvoir d'achat des personnes concernées.

La seconde carte porte sur la confiance interpersonnelle, telle qu'elle est révélée par les préférences partisanes des habitants de ces communes. Ne disposant pas d'informations au niveau communal, nous utilisons les données sur le vote de 2017 pour l'inférer. Pour ce faire, nous faisons une estimation économétrique du lien entre confiance et vote. Les personnes qui ont voté Le Pen manifestent, en moyenne, une grande défiance envers les autres. Celles qui ont voté Macron, ou Mélenchon, ou Hamon, une fois pris en compte leur niveau de bien-être estimé, témoignent d'un coefficient de confiance élevé. Les électeurs de Fillon sont neutres. En pondérant les votes, au niveau communal, par les coefficients ainsi obtenus, nous pouvons redessiner la carte politique de la France. Le quartile inférieur (indice de confiance « très faible » sur la légende) est l'ensemble des communes où le vote traduit une méfiance forte. Le quartile supérieur est celui où la confiance révélée est forte [1].

La première carte (figure 39a, cahier central) sur le bien-être est peu surprenante. Elle montre qu'il est concentré autour des grandes métropoles (Paris, Lyon, Marseille, Toulouse, Strasbourg…). Rappelons que 60 % du PIB est aujourd'hui assuré par les neuf premières métropoles françaises. Ce qui diffère toutefois d'une région à l'autre est la manière dont la richesse se diffuse. La diffusion est très faible dans l'arrière-pays méditerranéen, dans les environs de Toulon, ou dans le nord du pays, autour de Lille. Le centre est particulièrement vulnérable : le long de la diagonale Bordeaux-Strasbourg, on ne rencontre aucune ville de plus de 100 000 habitants avant Dijon. L'Île-de-France est la région

---

1. Le détail de ces deux modélisations, « Conditions socio-économiques du bien-être » et « Confiance et politique », est disponible sur le site web.

de prospérité la plus vaste, mais avec une exception : Paris, qui est dans le troisième quartile, et les communes au nord et à l'est (Seine-Saint-Denis et certaines communes du Val-de-Marne) qui alimentent des poches de pauvreté, dans le premier quartile.

La seconde carte (figure 39b, cahier central) montre comment se répartit l'indicateur de confiance interpersonnelle (tel que révélé par la carte électorale). Il y a assez clairement une diagonale qui va de Calais à Marseille, à la gauche de laquelle l'indicateur estimé est haut (3e et 4e quartile), à la droite de laquelle il est bas (1er et 2e quartile). L'indicateur ainsi estimé est très corrélé aux données produites par Todd et Le Bras (2013)[1] pour caractériser le degré de cohésion sociale qui est légué par la tradition familiale ou religieuse. La France est ainsi découpée en quatre zones, plus ou moins intégrées socialement. La corrélation avec notre indicateur (construit au niveau communal) est importante et significative, à environ 0,50. On remarque que le Sud-Ouest et la Bretagne affichent une forte confiance estimée, sans que leur condition économique soit particulièrement brillante. C'est presque le contraire pour le Nord-Est.

Pour percer l'empreinte régionale des Gilets jaunes, et la comparer à nos deux cartes, nous avons extrait de l'enquête CEVIPOF la localisation des soutiens au mouvement en cinq grandes régions (figure 40) et les données sur la localisation des blocages (figure 41). De manière très nette, le Sud-Ouest et le Nord-Est sont les deux grandes terres de mission du mouvement.

Le Sud-Ouest est davantage mélenchoniste que le reste de la France, et le Nord-Est plus lepéniste. Le soutien apporté aux Gilets jaunes confirme-t-il cette distinction géographique ? Pour répondre à cette question, nous avons ventilé, dans chacune des grandes régions, le soutien aux Gilets jaunes aux préférences

---

1. Emmanuel Todd et Hervé Le Bras, *Le Mystère français*, *op. cit.*

FIGURE 40
Soutien au mouvement des Gilets jaunes en fonction des
grandes régions (écart à la moyenne, en points de pourcentage)

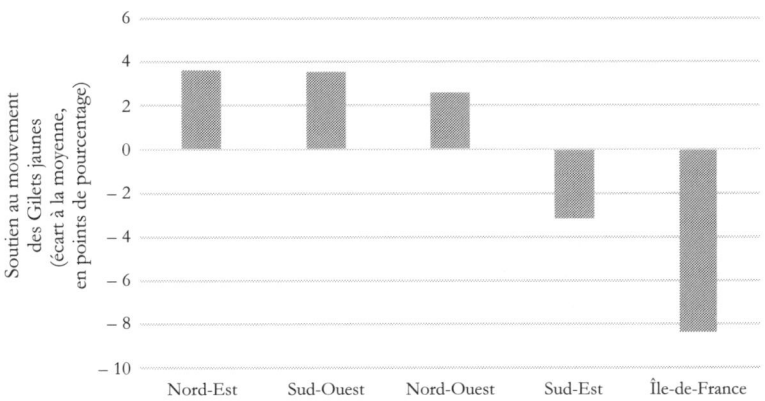

Source : Baromètre de la confiance politique (2018), vague 10, CEVIPOF.
Lecture : la part d'enquêtés ayant répondu « tout à fait » à la question « Diriez-vous que vous soutenez le mouvement des Gilets jaunes ? » est supérieure d'environ 4 points de pourcentage dans le Nord-Est, par rapport à la moyenne.

partisanes exprimées au premier tour de l'élection présidentielle. On voit que l'électorat de Le Pen est toujours plus fort, notamment dans le Nord-Est, et fait jeu égal avec l'électorat mélenchoniste dans le Sud-Ouest. La force de ces deux régions, situées aux antipodes de la carte politique, montre bien que la mobilisation des Gilets jaunes répond à des déterminants non traditionnels, différents de l'axe gauche-droite traditionnel (tableau 11).

TABLEAU 11

Part des soutiens aux Gilets jaunes ayant voté pour
Mélenchon ou Le Pen lors du premier tour de l'élection
présidentielle de 2017 selon les grandes régions françaises

	Nord-Ouest	Nord-Est	Sud-Ouest	Sud-Est	Île-de-France
Mélenchon	21 %	18 %	28 %	23 %	22 %
Le Pen	28 %	33 %	27 %	28 %	28 %

Source : Baromètre de la confiance, vague 10, CEVIPOF.
Lecture : parmi les enquêtés ayant répondu : « Je soutiens tout à fait » à la question : « Diriez-vous que vous soutenez le mouvement des Gilets jaunes ? » et habitant dans le Nord-Ouest, 21 % d'entre eux ont voté pour Mélenchon lors du premier tour de l'élection présidentielle de 2017 et 28 % d'entre eux ont voté pour Le Pen.

Pour aller plus loin dans la compréhension de la topographie des Gilets jaunes, nous avons localisé leur présence effective sur les ronds-points (figure 41).

FIGURE 41

Intensité du mouvement des Gilets jaunes en
fonction des grandes régions (novembre 2018)

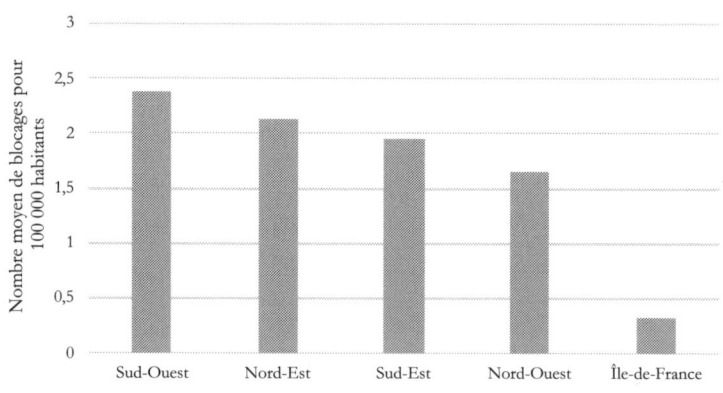

Source : Données sur les Gilets jaunes (voir annexe).
Note : le nombre moyen de blocages par grande région correspond au nombre de ronds-points occupés par le mouvement des Gilets jaunes dans cette région, rapporté au nombre d'habitants de la région.

Il y a une concordance entre la géographie des soutiens aux Gilets jaunes et la localisation des ronds-points. Le Sud-Ouest et le Nord-Est en sont les deux points forts. En utilisant des données départementales, nous avons étudié la manière dont cette mobilisation se corrèle aux deux cartes que nous avons construites, celle du bien-être et celle de la confiance. La corrélation avec l'indicateur de satisfaction (utilisé dans la première carte) est forte et significative (corrélation de − 0,39) : plus la mobilisation est importante, moins le niveau de satisfaction géographiquement situé est élevé. La corrélation est en revanche plus faible avec l'indicateur de confiance (corrélation de − 0,24). Cela traduit bien l'idée que le mouvement est surtout la mobilisation des plus défavorisés, indépendamment de leur tropisme idéologique. Le fait que 80 % des enquêtés soutenant les Gilets jaunes déclarent s'en sortir difficilement ou très difficilement avec les revenus de leur ménage témoigne de ce phénomène.

Conclusion

Les Gilets jaunes et leurs soutiens sont l'expression d'une France où le bien-être est faible. La géographie de leur présence, très forte dans le Sud-Ouest, montre qu'il ne s'agit pas d'une copie de la France qui a voté majoritairement Le Pen en 2017. Il s'agit davantage d'une protestation antisystème, unissant les forces de la gauche radicale et de la droite populiste. Unis par leurs problèmes de pouvoir d'achat, les Gilets jaunes sont la révolte de ceux qui découvrent que leur souffrance individuelle est en réalité collective, et qui ont trouvé une nouvelle forme d'expression publique en dehors des répertoires classiques de l'action collective. Leur mobilisation met en évidence une trajectoire sociale et individuelle singulière. La construction d'une ascension sociale, dont l'accès à la propriété (en zone périurbaine et rurale pour des raisons financières) est l'élément clé, est mise à mal par l'impossibilité d'imaginer, dans leurs territoires d'existence, des alternatives à leur destin individuel.

Peut-on y voir l'annonce d'une formation d'un front antisystème, sur le modèle italien (dont nous analyserons la singularité au chapitre suivant)? Sans l'exclure, les désaccords entre les Gilets jaunes sur les moyens de répondre à la crise ne rendent pas cette hypothèse la plus probable. Les écarts qui surgissent en leur propre sein sur le rapport à autrui permettent difficilement d'imaginer des alliances programmatiques durables. La question de la transition écologique, point de départ de la contestation, symbolise les désaccords sur les instruments de politiques publiques: un tiers des soutiens des Gilets jaunes disent refuser une réduction du niveau de vie pour améliorer l'environnement, un tiers y est favorable et le dernier bloc est indifférent. Le terrain de la fiscalité est plus ambigu. Quoique très remontés contre les impôts et les taxes en général, les Gilets jaunes ont repris à leur compte la critique de l'ISF qu'avait portée la gauche radicale. En 2017, lorsqu'on demandait aux électeurs de Le Pen s'il fallait « prendre aux riches pour donner aux pauvres », c'était sans doute la partie « donner aux pauvres » qui faisait l'objet d'un refus. En 2018, c'est la partie « prendre aux riches » qui est devenue plus audible. Mais, en manifestant un très faible niveau de confiance à l'égard des institutions, les Gilets jaunes ont surtout exprimé une défiance profonde à l'égard de l'État et des corps intermédiaires, voire de toute forme de représentation. C'est probablement ce qui explique qu'ils soient dans l'impossibilité de bâtir une plateforme politique qui transcende leurs différences.

CHAPITRE 8

Les populismes en Europe et aux États-Unis

L'Europe et les États-Unis ont connu depuis deux décennies une percée des forces antisystème semblable à celle de la France. Nous proposons dans ce chapitre d'en saisir les racines économiques et culturelles en exploitant une grille d'analyse similaire au cas français. Comme nous l'avons fait précédemment, nous caractérisons comme forces antisystème les oppositions communes de la gauche et de la droite radicales à l'État et aux élites, et réservons le terme de populisme à la droite radicale qui regroupe la fraction autoritariste et anti-immigrés de cet électorat.

Pour analyser les raisons individuelles du soutien aux partis antisystème en Europe, nous exploitons l'Enquête sociale européenne (European Social Survey, ESS), conduite dans une trentaine de pays européens tous les deux ans depuis 2001. Nous nous concentrons sur les pays membres de l'UE-15 présents dès les premières vagues d'enquêtes : Allemagne, Autriche, Belgique, Danemark, Espagne, Finlande, France, Grande-Bretagne, Grèce, Irlande, Italie, Luxembourg, Pays-Bas, Portugal et Suède.

Des questions récurrentes portent sur les caractéristiques individuelles des répondants, sur leur satisfaction dans la vie, leurs niveaux de confiance interpersonnelle et dans les institutions, sur leur orientation idéologique et politique et leur vote effectif lors de la dernière élection nationale.

Afin de cartographier les différents votes sur le spectre politique, nous exploitons également l'enquête 2014 Chapel Hill Expert Survey[1] qui pose à un ensemble d'experts des questions sur le positionnement des principaux partis politiques des pays européens sur un axe allant de l'extrême gauche à l'extrême droite. Des questions supplémentaires sur les programmes des partis et l'opinion des mêmes experts concernant un grand nombre de thèmes politiques d'actualité (immigration, multiculturalisme, dérégulation, Union européenne…) complètent cette enquête. Nous classons les partis antisystème en deux catégories : 1) les partis ou mouvements qui appartiennent à la droite populiste : ils se caractérisent par leur plateforme nationaliste, anti-immigrés et eurosceptique, comme le Front national (Rassemblement national) en France, l'AfD en Allemagne, la Ligue du Nord en Italie. Nous incluons dans cette catégorie des partis plus atypiques comme le Parti de la liberté aux Pays-Bas ou UKIP au Royaume-Uni, mais qui partagent l'essentiel de la plateforme nationaliste

---

1. Voir l'analyse initiale du Chapel Hill Expert par Simon Hix et Christopher Lord, *Political Parties in the European Union*, Londres, Macmillan International Higher Education, 1997, et la présentation de cette base par Jonathan Polk *et al.*, « Explaining the Salience of Anti-Elitism and Reducing Political Corruption for Political Parties in Europe with the 2014 Chapel Hill Expert Survey Data », *Research and Politics*, 4.1, 2017. Nous reprenons les typologies des articles les plus récents sur la montée des populismes en Europe : Ronald Inglehart et Pippa Norris, *Cultural Backlash: Trump, Brexit and Authoritarian Populism, op. cit.* ; et Yann Algan, Sergei Guriev, Elias Papaioannou et Evgenia Passari, « The European Trust Crisis and the Rise of Populism », art. cité.

et anti-immigrés ; 2) les partis ou mouvements de la « gauche radicale », comme le Front de gauche en France, Podemos en Espagne, Bloco de Esquerda au Portugal ou Vasemmistoliitto en Finlande. Si ces partis partagent une même opposition aux institutions et aux élites que les partis populistes de droite, ils s'en distinguent par l'absence de références nationalistes et anti-immigrés. Le seul parti antisystème qui ne rentre dans aucune de ces deux catégories est le Mouvement 5 étoiles en Italie, qui partage avec la gauche radicale une plateforme pro-redistribution, mais inclut aussi dans son programme une rhétorique nationaliste et anti-immigrés ; il sera traité séparément dans l'analyse[1].

Déterminants sociodémographiques

Comment le vote antisystème en Europe et aux États-Unis est-il relié aux déterminants sociodémographiques traditionnels du vote ? Reprenons la partition en termes de revenu et d'éducation déjà utilisée dans le cas français. La figure 42 situe dans cet espace socioéconomique les votes en faveur des différents partis en Europe. La correspondance avec la situation française est frappante. Les électeurs des forces antisystème (gauche radicale et droite populiste) ont en commun des revenus beaucoup plus faibles que ceux des électorats des partis modérés. Ce qui différencie les électeurs des forces de gauche radicale et de droite populiste est essentiellement leur niveau d'éducation, très élevé chez les premiers, beaucoup plus faible chez les seconds. Les électeurs de la gauche radicale gagnent moins que ce qu'ils peuvent espérer compte tenu de leur niveau d'éducation, une situation

---

1. Voir annexe 3 pour la classification complète de tous les partis intégrés à l'analyse.

FIGURE 42
Revenu du ménage et éducation par affiliation
politique effective dans les pays UE-15

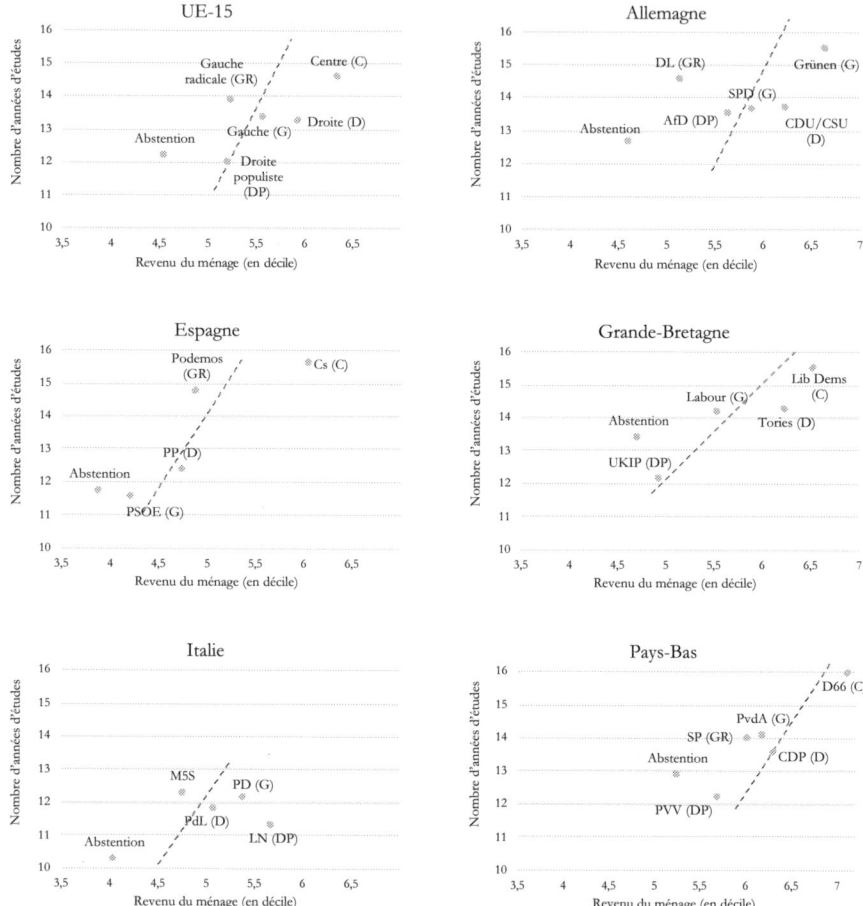

Source : Enquête sociale européenne, 2012-2016.
Note : moyenne pondérée du nombre d'années d'études et du revenu (par décile) des électeurs selon leur vote lors de la dernière élection nationale. (GR) : gauche radicale ; (G) : gauche ; (C) : centre ; (D) : droite ; (DP) : droite populiste.

parfaitement similaire à celle des électeurs de Mélenchon en France. Ceux de la gauche traditionnelle se situent tout près du centre de la distribution de revenus et d'éducation, comme Hollande en 2012. Les électeurs du centre en Europe se situent presque exactement à la même place que l'électorat de Macron en France : ils sont mieux éduqués et ont des revenus plus élevés que l'ensemble des autres électeurs. Enfin les abstentionnistes cumulent les niveaux d'éducation et de revenu les plus faibles.

Cette partition des électeurs sur l'axe éducation-revenu se retrouve avec une grande régularité dans nombre de pays. En Allemagne, les électeurs des partis modérés SPD et CDU ont en moyenne des revenus plus élevés et des niveaux d'éducation équivalents. Les électeurs du principal parti populiste, l'AfD, et de la gauche radicale ont en commun des revenus plus faibles que la moyenne, les électeurs de l'AfD ayant aussi un niveau d'éducation beaucoup plus faible. Les Verts du Grünen occupent sur cet axe la même place que celle des électeurs de Macron avec les niveaux d'éducation et de revenu les plus élevés. La situation espagnole est plus originale : l'absence d'un parti de droite populiste depuis le régime franquiste a longtemps fait exception, jusqu'à l'apparition de Vox aux dernières élections législatives... Les électeurs du parti de gauche radicale, Podemos, et de la gauche traditionnelle, Partido Socialista Obrero Español (PSOE), ont des niveaux de revenu similaires, bien inférieurs à la moyenne des autres électorats. Mais les électeurs de Podemos sont beaucoup plus éduqués, en particulier au regard de leur revenu. Encore une fois, c'est l'électorat du centre (Ciudadanos-Partido de la Ciudadanía) qui cumule les niveaux d'éducation et de revenu les plus élevés. En Grande-Bretagne, les électeurs d'UKIP sont les plus défavorisés aussi bien en termes d'éducation que de revenu. Les électorats du Labour et des tories partagent un niveau d'éducation similaire, mais les tories attirent les plus fortunés. Enfin les électeurs du parti libéral, situé au centre de l'échiquier, sont les plus favorisés. Les électeurs du principal parti populiste aux Pays-Bas, le PVV, présentent les mêmes caractéristiques que ceux d'Europe en moyenne, avec des niveaux d'éducation et de revenu bien inférieurs à la moyenne nationale.

La situation italienne est plus singulière. L'électorat du parti populiste la Ligue du Nord se caractérise par un faible niveau d'éducation, mais des revenus beaucoup plus élevés que la moyenne. Cela correspond bien à l'alliance des artisans et des commerçants du Nord sur des questions régionalistes et idéologiques. À l'inverse, l'électorat du Mouvement 5 étoiles (M5S) regroupe les plus pauvres, mais avec des niveaux d'éducation dans la moyenne.

Aux États-Unis, la partition des électorats lors des primaires de 2016 sur l'axe revenu-éducation est plus singulière (figure 43). La candidate de la gauche modérée du Parti démocrate, Hillary Clinton, rassemble des électeurs moins fortunés, issus notamment des communautés afro-américaines (à hauteur de 88 % de cet électorat) et hispaniques (65 %), que ceux du candidat de la gauche plus radicale, Bernie Sanders, lequel rassemble l'électorat éduqué des grandes métropoles. Si les électeurs du Parti républicain disposent de revenus plus élevés que ceux du Parti démocrate, Donald Trump parvient à occuper une place plus centrale que les autres candidats de son parti. Il attire vers lui des électeurs plus proches du revenu moyen, principalement issus des classes populaires et moyennes blanches du milieu rural, des petites villes et des banlieues. Ce qui frappe, en revanche, dans l'électorat de Trump est son faible niveau d'éducation, la majorité de ses électeurs ayant arrêté leurs études au lycée.

FIGURE 43
Votes aux primaires américaines de 2016
en fonction du revenu et de l'éducation

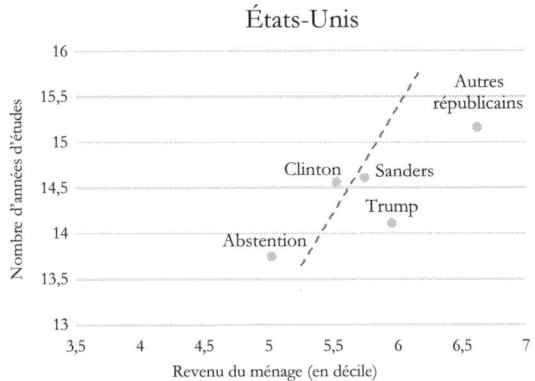

États-Unis

Source : Enquête électorale américaine (ANES), 2016.
Note : moyenne pondérée des années d'études et du revenu (en décile) des électeurs selon leur vote lors des élections primaires américaines de 2016.

Confiance et bien-être

Pour comprendre les interactions entre les dimensions culturelles et économiques du vote antisystème, nous reprenons maintenant l'analyse en termes de confiance et de bien-être.

À l'instar du cas français, un fort contraste apparaît en Europe entre le mal-être des électeurs attirés par les forces antisystème et le bien-être relatif des électeurs de l'ensemble des partis modérés (figure 44). Nous retrouvons également la même partition entre confiants et méfiants qui scinde en deux les forces antisystème. Les électeurs de la gauche radicale sont plus confiants que la moyenne, pratiquement au même niveau que l'électorat de la gauche modérée et du centre. À l'inverse,

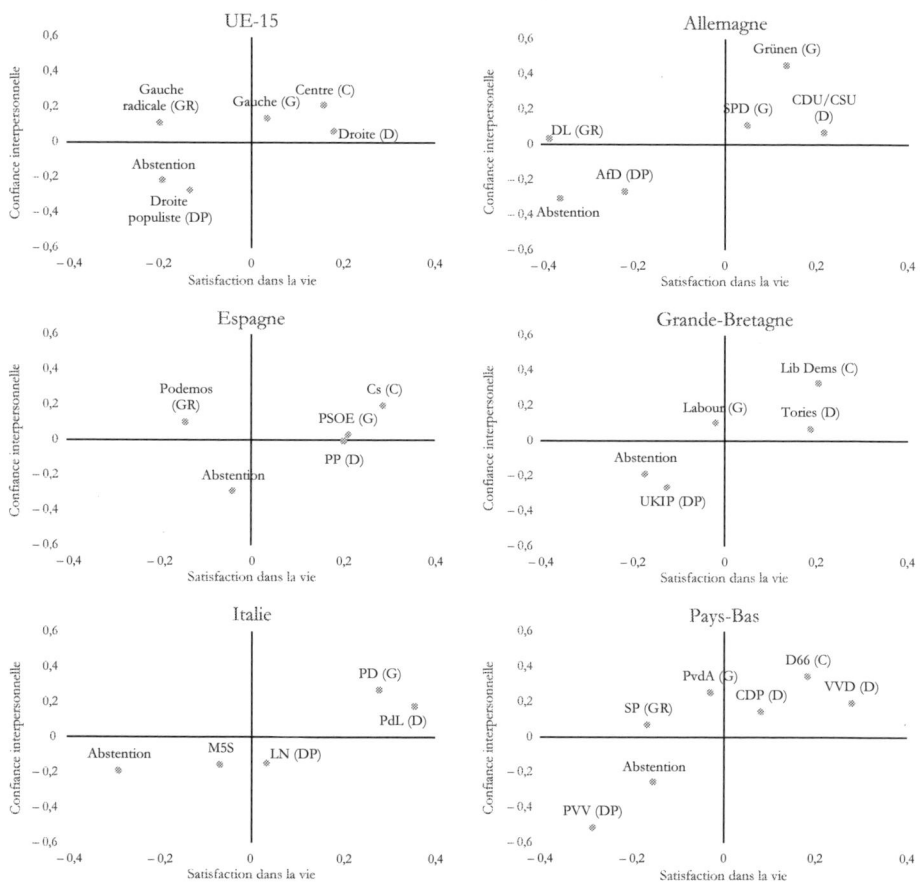

FIGURE 44
Confiance interpersonnelle et satisfaction dans la vie
par affiliation politique dans les pays UE-15

Source : *Enquête sociale européenne, 2012-2016.*
Note : *moyenne pondérée et standardisée des niveaux de confiance et de satisfaction dans la vie selon le vote aux dernières élections nationales dans les pays de l'UE-15. La confiance et la satisfaction sont normalisées avec une moyenne de 0 et un écart type de 1.*

l'électorat attiré par les partis de la droite populiste est beaucoup plus méfiant que la moyenne, y compris par rapport aux abstentionnistes. Les électeurs des partis modérés se regroupent tous dans le quart supérieur droit, avec des niveaux de confiance et de bien-être plus élevés que la moyenne.

La partition de l'espace politique européen sur l'axe confiance-bien-être se retrouve dans pratiquement tous les pays. Les électeurs des partis de gauche radicale font partie des confiants, à l'exception de Die Linke en Allemagne. En revanche, les électeurs des partis populistes partagent tous une défiance et un mal-être élevés, en particulier chez les votants de l'AfD en Allemagne et du PVV aux Pays-Bas.

L'Italie présente un visage singulier dans ce paysage. Les électeurs du M5S sont beaucoup plus méfiants que la moyenne, et se rapprochent en cela davantage des électeurs de la droite populiste dans les autres pays européens. Les électeurs du parti populiste la Ligue du Nord se retrouvent dans le quart inférieur droit, encore inexploré, avec des niveaux de satisfaction dans la vie supérieurs à la moyenne et des niveaux de confiance faibles. Nous reviendrons sur ce positionnement particulier en explorant les différentes idéologies de M5S et de la Ligue du Nord. De cette analyse émerge une première explication permettant de comprendre pourquoi l'alliance des forces antisystème a été possible dans ce pays.

La partition politique sur l'axe confiance-bien-être est également singulière aux États-Unis (figure 45). C'est le candidat Sanders qui attire les électeurs qui se déclarent les moins satisfaits dans la vie (devant les abstentionnistes). Le candidat Trump rassemble des électeurs un peu plus satisfaits de la vie que la moyenne, du fait de leur revenu et de l'ensemble hétéroclite composé de classes populaires malheureuses et de riches républicains.

Clinton est en revanche, comme Macron en France, la candidate des électeurs les plus satisfaits de leur vie. À l'instar des électorats de la droite populiste européenne, l'électorat de Trump est beaucoup plus défiant que la moyenne : ils sont 60 % à déclarer ne pas pouvoir faire confiance aux autres. Ce qui caractérise de manière écrasante l'électorat de Trump est la détestation des élites et du gouvernement. 70 % d'entre eux déclarent n'accorder aucune confiance au gouvernement fédéral : c'est 12 points de pourcentage de plus que chez les abstentionnistes et les électeurs de Sanders, et 30 points de pourcentage de plus que chez les électeurs de Clinton.

Une analyse économétrique plus détaillée confirme le rôle déterminant du mal-être dans le soutien aux partis antisystème en Europe et aux États-Unis, une fois pris en compte l'ensemble des autres caractéristiques individuelles (sociodémographie, éducation, revenu, religion) des électeurs. Un individu avec un niveau de satisfaction dans la vie inférieur à la moyenne d'un écart type a une probabilité supérieure de voter pour la gauche radicale de 1 point de pourcentage, ou pour la droite populiste, de 0,5 point de pourcentage. Cet effet sur le vote est équivalent à celui de l'éducation lorsqu'on passe du primaire à l'enseignement supérieur.

Le vote pour les forces antisystème est mieux appréhendé par le bien-être, la confiance étant surtout le facteur qui distingue au sein de ces forces la gauche radicale de la droite populiste, avec une concentration des plus défiants vers la droite populiste. Un niveau de confiance interpersonnelle d'un écart type inférieur à la moyenne est associé à une probabilité plus élevée de 1,4 point de pourcentage de voter pour un parti de droite populiste en Europe et de 1,9 point de pourcentage de voter pour Trump, soit un effet de même ampleur que le fait d'être diplômé.

FIGURE 45
Confiance interpersonnelle et satisfaction dans la vie
par affiliation politique réelle aux États-Unis

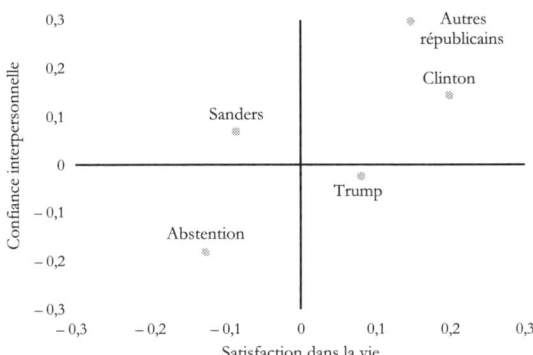

Source : *Enquête électorale américaine, 2016.*
Note : *moyenne pondérée et standardisée des niveaux de confiance et de satisfaction dans la vie selon le vote aux élections primaires américaines 2016. La confiance et la satisfaction sont normalisées avec une moyenne de 0 et un écart type de 1.*

Idéologies et vote

Idéologies culturelles

La confiance et le rapport à autrui façonnent également une grande partie des idéologies liées au vote populiste dans les différents pays européens et aux États-Unis. La figure 46 présente les attitudes des citoyens européens vis-à-vis de l'intégration européenne et de l'immigration. Les électeurs des droites populistes, et dans une moindre mesure les abstentionnistes, sont beaucoup plus opposés à l'unification européenne que la moyenne des électeurs. Ce qui les distingue est aussi leur très forte opposition à l'immigration, considérée comme une menace pour la culture et l'économie du pays. Fait remarquable, c'est surtout sur le plan des valeurs culturelles que se joue l'opposition à l'immigration, ressentie comme un danger encore plus important pour la culture que pour l'économie du pays.

Cette opposition se retrouve chez les électeurs de l'AfD en Allemagne, de la Ligue du Nord en Italie, du PVV aux Pays-Bas ou encore de l'UKIP en Grande-Bretagne. Ce sont exactement les mêmes motifs que ceux du vote Le Pen en France. Et, une fois encore, c'est surtout le rapport dégradé à autrui qui explique cette méfiance. La faible confiance est la principale explication du rejet culturel des immigrés, une fois pris en compte l'ensemble des autres caractéristiques sociodémographiques des électeurs (revenu, éducation, religion…). À l'inverse, le rejet de l'immigration pour motif économique est aussi associé au mal-être, ou encore à la précarité économique, des électeurs.

Les électorats de la gauche radicale s'opposent à ceux de la droite populiste sur la question de l'immigration presque partout en Europe. La ligne de fracture entre ces deux électorats est identique à celle qui est à l'œuvre en France. La seule exception notable est celle du Mouvement 5 étoiles, hostile à l'immigration, ce qui empêche de classer ce mouvement parmi les partis de la gauche radicale en Europe. En moyenne, les électorats de la gauche radicale convergent vers ceux de la gauche traditionnelle et du centre sur les questions liées à la thématique de l'immigration.

Même si les électorats de la gauche radicale en France et en Europe diffèrent dans leur niveau de revenu et d'éducation, leur plus forte confiance interpersonnelle explique en grande partie leur attitude positive à l'égard de l'immigration. Une analyse économétrique du soubassement de ces attitudes confirme le rôle central de la confiance envers les autres. La confiance en autrui est

FIGURE 46
Attitudes concernant l'Union européenne et l'immigration :
réponses moyennes par affiliation politique dans les pays UE-15

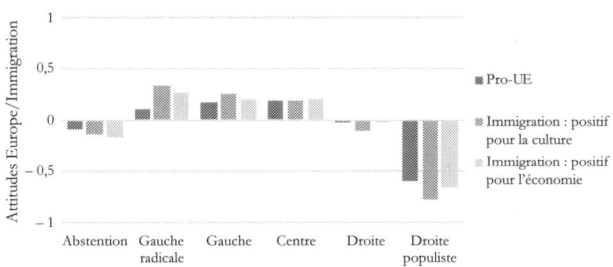

Source : Enquête sociale européenne, 2012-2016.
Note : moyenne pondérée et standardisée des réponses des électeurs selon leur vote. Pro-UE : « Pour certains,
l'unification européenne devrait être renforcée. Pour d'autres, elle a déjà été poussée trop loin. Quelle est
votre opinion ? » Immigration : positif pour la culture : « Diriez-vous que, dans l'ensemble, la culture de
votre pays est menacée ou enrichie par la présence de personnes d'autres pays venant vivre ici ? » Immi-
gration : positif pour l'économie : « Dans l'ensemble, diriez-vous que c'est mauvais ou bon pour l'économie
française que des personnes d'autres pays viennent vivre dans votre pays ? »

FIGURE 47
Attitudes concernant l'immigration : réponse moyenne
selon le vote aux élections primaires américaines 2016

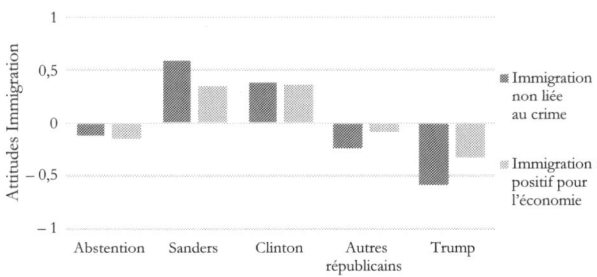

Source : Enquête électorale américaine, 2016.
Note : moyenne pondérée et standardisée des réponses des électeurs selon leur vote lors des primaires de la
présidentielle de 2016. Immigration non liée au crime : « Diriez-vous que l'immigration augmente le taux
de criminalité aux États-Unis ? » Immigration : positif pour l'économie : « Diriez-vous dans l'ensemble
que l'immigration est bonne pour l'économie des États-Unis ? »

positivement et significativement associée à une attitude favorable à l'immigration dans chacun des pays étudiés dans notre analyse. Son pouvoir explicatif est du même ordre que celui de l'éducation, et nettement supérieur à l'effet du revenu du ménage. Les résultats sont similaires dans le cas des États-Unis (figure 46 et figure 47).

Une même ligne de fracture partage les partis antisystème de gauche et de droite sur les enjeux sociétaux, tels que le respect des droits homosexuels et LGBT, le respect des autres et la protection de l'environnement. En moyenne dans l'UE-15 (figure 48), les électorats de la gauche radicale, au même titre que ceux votant pour la gauche et le centre, ont des attitudes sociétales beaucoup plus progressistes que la moyenne. Les électorats des partis de droite et populistes (ainsi que les abstentionnistes) sont en revanche beaucoup plus conservateurs en ces domaines. Aux États-Unis,

FIGURE 48
Attitudes sociétales : réponses moyennes par
affiliation politique dans les pays UE-15

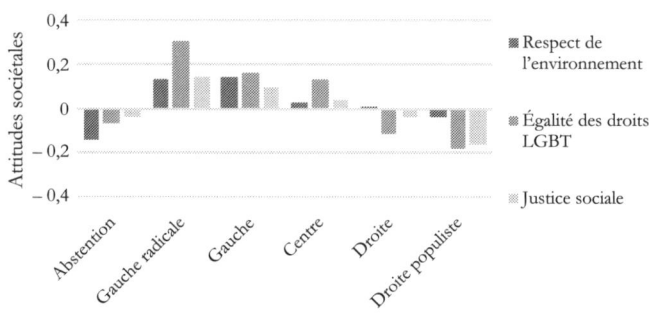

Source : Enquête sociale européenne, 2012-2016.
Note : moyenne pondérée et standardisée des réponses des électeurs selon leur vote. Respect de l'environnement :
« Les gens doivent se soucier de la nature. Il est important de s'occuper de l'environnement ? » Égalité des droits
LGBT : « Les homosexuels hommes et femmes devraient être libres de vivre leur vie comme ils le souhaitent ? »
Justice sociale : indicateur de sentiment de justice sociale fondé sur quatre questions (voir annexe 4).

Trump regroupe l'électorat le plus hostile aux droits homosexuels, encore davantage que les électeurs des autres candidats républicains (figure 49). À nouveau, la confiance interpersonnelle joue un rôle plus décisif que l'éducation et le revenu dans les attitudes sociétales en Europe comme aux États-Unis, même si la religion reste le marqueur le plus important en la matière.

FIGURE 49

Attitudes sociétales : réponses moyennes selon le vote aux élections primaires américaines 2016

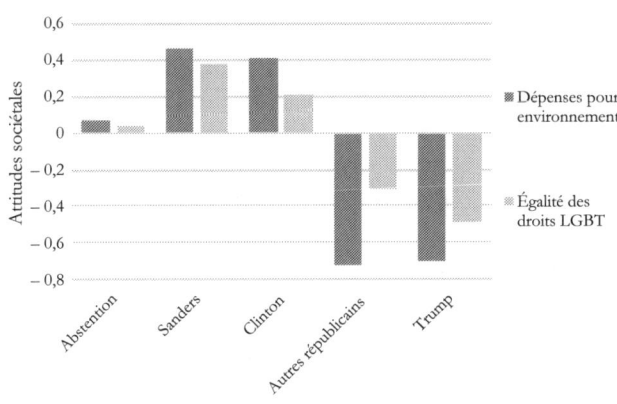

Source : *Enquête électorale américaine, 2016.*
Note : *moyenne pondérée et standardisée des réponses des électeurs selon le vote aux primaires de l'élection présidentielle de 2016. Dépenses pour l'environnement : « Pensez-vous que le budget gouvernemental alloué à la protection de l'environnement devrait être augmenté, rester le même ou baisser ? » Égalité des droits LGBT : « Êtes-vous favorable à la légalisation du mariage homosexuel ? »*

Idéologies économiques

L'opposition gauche-droite classique sur les questions de redistribution se retrouve dans l'ensemble des pays européens (figure 50). Les électeurs de gauche radicale et de gauche traditionnelle sont pro-redistribution, tandis que les électeurs de droite et des partis populistes y sont hostiles ou indifférents. Mais il existe aussi des spécificités nationales. Si les électeurs de la Ligue du Nord sont fortement opposés à la redistribution (au contraire du Mouvement 5 étoiles), les électeurs de UKIP en Grande-Bretagne et du PVV aux Pays-Bas y sont favorables, tandis que les électeurs de l'AfD en Allemagne y sont relativement indifférents. Dans ces pays, ce sont surtout les électorats de la droite traditionnelle qui expriment la plus vive opposition à la redistribution.

FIGURE 50

Le gouvernement doit réduire les inégalités :
réponse moyenne par affiliation politique
dans les pays UE-15 et aux États-Unis

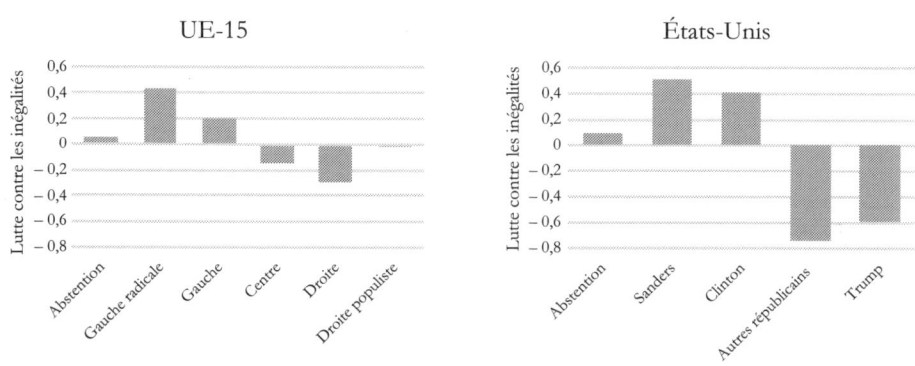

Source : Enquête sociale européenne, 2012-2016 ; Enquête électorale américaine, 2016.
Note : moyenne pondérée et standardisée des réponses des électeurs selon leur vote aux dernières élections. UE-15 : « Veuillez indiquer dans quelle mesure vous êtes d'accord ou non avec la phrase suivante : "Le gouvernement devrait prendre des mesures pour réduire les différences de revenu." » États-Unis : « Veuillez indiquer dans quelle mesure vous êtes d'accord avec la phrase suivante : "Le gouvernement devrait prendre des mesures pour réduire les différences de revenu." »

Aux États-Unis, les électorats de Trump et des autres candidats républicains se caractérisent également par une grande hostilité à la redistribution. C'est le candidat Sanders qui a véritablement incarné l'électorat pro-redistribution, dans la lignée des manifestants d'Occupy Wall Street. L'électorat de Clinton est plus favorable que la moyenne, mais plus modérément que les électeurs de Sanders, à l'intervention du gouvernement pour réduire les inégalités. La confiance en autrui est la variable cardinale qui commande ces choix. Les individus les plus confiants sont toujours les plus favorables à la redistribution, au-delà des effets du revenu et de l'éducation. Partout, les attitudes vis-à-vis de la redistribution sont principalement corrélées au niveau de confiance des électeurs en Europe et aux États-Unis (et seulement dans une moindre mesure au niveau de bien-être en Europe).

Idéologies politiques

Les électorats des partis antisystème en Europe se caractérisent par leur très grande insatisfaction vis-à-vis de la démocratie et par leur méfiance à l'égard des institutions publiques : parlement national, système judiciaire, Parlement européen (figure 51).
Si cette défiance est partagée par l'ensemble des électeurs des partis antisystème, elle est encore plus prononcée chez ceux de la droite populiste. Le candidat Trump attire l'électorat le plus méfiant à l'égard du gouvernement et des élites, bien davantage que les autres candidats républicains (figure 52). Le sentiment de défiance envers les institutions aux États-Unis et en Europe est avant tout associé au mal-être des électeurs, déterminant plus important que leur éducation ou revenu.

FIGURE 51
Confiance dans les institutions : réponses moyennes
par affiliation politique dans les pays UE-15

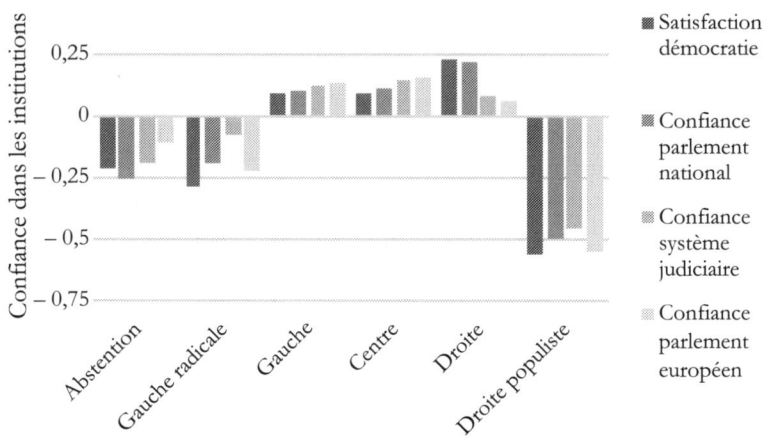

Source : Enquête sociale européenne, 2012-2016.
Note : moyenne pondérée et standardisée des réponses des électeurs selon leur vote aux dernières élections nationales. Satisfaction démocratie : « Dans l'ensemble, êtes-vous satisfait ou pas satisfait de la manière dont la démocratie fonctionne dans votre pays ? » Confiance dans le parlement national : « Quelle confiance faites-vous, personnellement, au parlement national de votre pays ? » Confiance dans le système judiciaire : « Quelle confiance faites-vous, personnellement, à la justice ? » Confiance dans le Parlement européen : « Quelle confiance faites-vous, personnellement, au Parlement européen ? »

Au final, le mal-être que partagent les électeurs des forces antisystème de gauche et de droite est au cœur de leur rejet des institutions et du fonctionnement de la démocratie en Europe et aux États-Unis. C'est de ce sentiment de malheur commun que se nourrissent les partis antisystème dans leur critique du fonctionnement de la démocratie, du gouvernement et des élites. En revanche, la confiance dans les autres est la variable déterminante qui différencie les électorats de la gauche radicale de ceux de la droite populiste quant aux attitudes à l'égard de la redistribution, de l'immigration, et plus généralement de la tolérance aux autres.

FIGURE 52

Confiance dans les institutions : réponse moyenne
selon le vote aux élections primaires américaines 2016

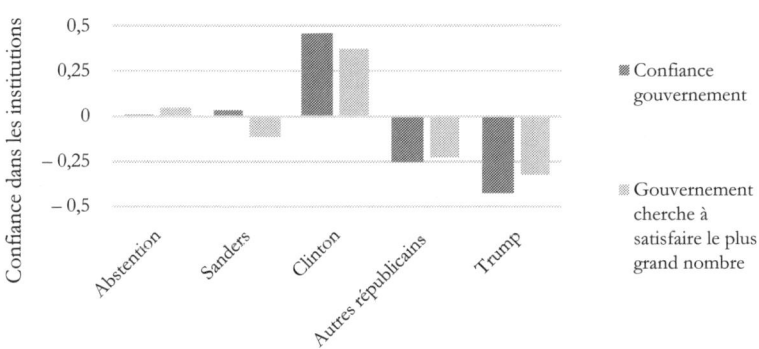

Source : *Enquête électorale américaine, 2016.*
Note : *moyenne pondérée et standardisée des réponses des électeurs selon le vote aux primaires de la présidentielle de 2016. Confiance dans le gouvernement : « Quelle confiance faites-vous en général au gouvernement ? » Le gouvernement cherche à satisfaire le plus grand nombre : « Le gouvernement est-il dirigé par un petit groupe de personnes qui œuvrent pour leurs intérêts propres ou qui cherchent à satisfaire tout le monde ? »*

Conclusion

Il semble donc qu'un même schéma se retrouve partout en Europe et aux États-Unis, à quelques rares exceptions près, à l'image de ce que nous avons analysé dans le cas français. La radicalité des forces antisystème est intimement liée au mal-être de leurs soutiens. Les enquêtes internationales témoignent d'une inquiétante dégradation de la confiance dans le gouvernement, le Parlement et la justice dans la plupart des démocraties occidentales au cours des dernières décennies, à l'exception de quelques rares pays tels que l'Allemagne. Selon l'enquête du World Values Survey qui offre le plus grand recul historique de 1981 à 2014 sur cette question, la part des personnes qui ne font pas confiance au Parlement a progressé de 47 % à 77 % aux États-Unis, de 37 % à 64 % en France, et de 60 % à 77 % en Grande-Bretagne. Cette dégradation s'est accélérée avec la crise financière, particulièrement en Europe où les États ont été incapables de se coordonner sur des politiques budgétaires ambitieuses et ont opté pour des politiques d'austérité prolongeant les effets dramatiques de la crise.

Le partage de ces forces entre une gauche radicale et une droite populiste dépend partout du niveau de confiance et de capital social des individus. Ce sont les électeurs ayant une confiance interpersonnelle faible qui choisissent la droite populiste[1]. Les démocraties où le niveau de méfiance interpersonnelle est élevé sont également celles où les récessions économiques ont produit

---

1. L'évolution de la méfiance envers autrui est plus contrastée selon les pays que la montée de la méfiance envers les institutions politiques. Selon certaines enquêtes au long cours, elle semble avoir pu augmenter dans certains pays depuis le début des années 1980. Mais la tendance partagée par des enquêtes plus récentes est celle d'une méfiance envers autrui qui reste, en moyenne, relativement élevée mais stable dans le temps. Selon l'enquête du World Values Survey qui commence dès 1981 jusqu'en 2014, la part des citoyens qui déclarent se défier des autres a augmenté de 71 % à 81 % en France, de 54 % à 68 % en Angleterre, et de 55 % à 64 % aux États-Unis, mais elle est restée stable en Allemagne (54 %) ou en Italie (67 %). La hausse de la méfiance aux États-Unis au cours de cette période est confirmée par toutes les enquêtes nationales dans ce pays (exemple, General Social Survey). En revanche, selon les enquêtes européennes du European Social Survey, qui débute en 2001, la méfiance est en moyenne restée stable au cours des dernières décennies, mais à des niveaux élevés dans des pays comme la France.

la plus grande instabilité politique. Si l'on compare les trois pays européens où le niveau de confiance moyen est le plus bas (France, Italie, Grande-Bretagne) avec ceux où il est le plus élevé (Suède, Norvège et Pays-Bas), la fréquence de changement de majorité a été de 11,9 points de pourcentage plus élevée dans le premier groupe[1].

Même dans les cas où la confiance en autrui a peu évolué au cours des dernières décennies, il est probable que son influence sur les choix électoraux soit devenue plus intense. Lorsque la vie sociale s'individualise, la confiance interpersonnelle s'impose comme le socle d'une inscription au sein d'une communauté plus large. Lorsqu'elle fait défaut, le repli identitaire est ce qui reste pour maintenir le sentiment d'appartenance à une communauté. L'interaction entre des risques économiques nouveaux et un faible niveau de capital social est devenue essentielle pour comprendre la crise politique contemporaine.

1. Nathan Nunn, Nancy Qian et Jaya Wen, « Distrust and Political Power », document de travail Harvard, 2019.

Conclusion générale

Les sociétés préindustrielles étaient marquées par des risques mortels, comme les épidémies ou les risques climatiques, qui étaient associés à la *fortuna*, à la responsabilité des dieux, et non celle des hommes. C'était la *foi* et non la *confiance* qui importait pour apaiser les angoisses existentielles. La société moderne offre une image inversée : la majorité des risques est perçue comme relevant directement de l'action des hommes[1]. De la possibilité de croire en la capacité des autorités publiques à réguler des risques tant économiques qu'environnementaux dépend en grande partie de l'aptitude des sociétés modernes à surmonter leurs inquiétudes et à leur apporter des réponses. L'insécurité économique, exacerbée par la crise financière, la mondialisation et les bouleversements technologiques, a attiré les électeurs vers des partis antisystème, à proportion de leur défiance envers les institutions et leurs représentants, politiques ou économiques.

Cette poussée des forces antisystème s'est déversée sur deux flancs totalement distincts du spectre politique : la gauche radicale et la droite populiste. Chacun de ces deux camps a rompu les amarres qui le rattachaient à ses anciens alliés, de la droite et de

1. Ulrich Beck, *La Société du risque. Sur la voie d'une autre modernité*, Paris, Flammarion, « Champs Essais », 2003.

la gauche modérées, créant un schisme politique qui a bouleversé la physionomie des appartenances politiques. Malgré une détestation partagée des élites, les deux versants de la protestation antisystème prennent appui sur des valeurs fondamentalement opposées. Les politiques qu'ils préconisent sont très différentes, qu'il s'agisse de la fiscalité, de l'environnement ou de la gestion des migrations internationales, qui héritent, plus qu'ils ne sont prêts à l'admettre, des oppositions traditionnelles entre la gauche et la droite. Comme nous avons essayé de le montrer tout le long de cet ouvrage, la confiance interpersonnelle, très différente de la confiance dans les institutions, est l'un des marqueurs essentiels qui permettent de comprendre la logique de cette divergence programmatique.

Comme le rappelle le psychologue Jonathan Haidt dans son enquête au long cours sur les valeurs morales des électeurs, *The Rigthteous Mind*[1], la confiance structure ce que désignent implicitement les idéologies : une manière de concevoir le vivre-ensemble. L'être humain a besoin d'un projet commun, du sens d'une destinée commune, trait distinctif de l'homme qui explique sa capacité à coopérer à grande échelle, à nulle autre pareille par rapport aux autres espèces. La plupart des sociétés traditionnelles, tout comme la société industrielle elle-même, étaient sociocentrées, elles plaçaient les besoins du groupe avant ceux de l'individu. L'ouvrier de la société industrielle pouvait être tout aussi méfiant envers autrui que l'employé de la société de services aujourd'hui, il appartenait à un monde social bien défini, avec lequel il partageait des souffrances mais aussi des combats et des projets, incarné le plus souvent par des syndicats puissants et un parti communiste fédérateur.

---

1. Jonathan Haidt, *The Righteous Mind: Why Good People are Divided by Politics and Religion*, Londres, Penguin Books, 2012.

Dans la société des individus que fabrique le monde moderne, lorsque s'est désagrégé le ciment idéologique qu'offrait à chacun la société de classes, la confiance interpersonnelle est devenue le filtre qui permet aux individus de se donner un projet de société désirable. L'interaction entre les risques nouveaux et le niveau de capital social des individus devient alors une clé essentielle pour comprendre la crise politique contemporaine. Lorsque le capital social fait défaut, lorsque les individus ont un faible niveau de confiance envers autrui, le repli identitaire est ce qui reste pour maintenir, face à la crise, le sentiment d'appartenance à une communauté. Le candidat Trump a ainsi obtenu ses meilleurs scores dans les communes où le niveau de confiance et la densité des associations (organisations civiques, sportives ou religieuses) étaient les plus faibles[1]. Comme nous l'avons vu également, en suivant la démonstration de Le Bras et Todd, la poussée du Front national a été beaucoup plus marquée dans le Nord-Est que dans le Sud-Ouest, du fait de la faiblesse de la densité des associations et des relations sociales liée à une structure anthropologique de famille nucléaire dans la première région. La désindustrialisation a plongé les habitants du Nord-Est dans une solitude sociale beaucoup plus importante que dans le Sud-Ouest.

La crise a fait monter la polarisation entre les gagnants et les perdants, les optimistes et les pessimistes, ceux qui manifestent un degré de satisfaction élevé dans leur vie et les autres... Des politiques de redistribution efficaces sont essentielles pour rétablir le contrat social. Le problème, si l'on peut dire, est qu'elles dépendent de l'adhésion du corps électoral. Les pays nordiques mettent en œuvre des politiques de redistribution égalitaristes et universalistes car le niveau de confiance dans ces sociétés est aussi le plus élevé. A contrario, si le niveau de redistribution en

---

1. Paola Guiliano et Romain Warziac, « Who Voted for Trump ? Populism and Social Capital », document de travail UCLA, 2019.

France est l'un des plus élevés des pays de l'OCDE, il est organisé de façon beaucoup plus corporatiste, fragmenté par les différents statuts et contrats de travail, et mité par d'innombrables niches fiscales. Le faible niveau de confiance des Français explique notre difficulté à organiser une redistribution universaliste sur le modèle des pays nordiques[1]. Mais l'absence de telles politiques entretient aussi, en boucle, notre haut niveau de défiance.

Les citoyens dont le niveau de confiance est le plus faible sont en fait bien souvent opposés à la redistribution. Si la seule explication du succès de la droite populiste était la trahison des partis de gauche sur ce terrain, on observerait un fort soutien populaire pour les partis qui proposent une hausse de la fiscalité sur les plus riches. Mais les classes populaires qui se tournent vers la droite populiste sont indifférentes, voire hostiles à la redistribution. Quant à la gauche radicale, son discours pro-redistribution s'accompagne aussi d'une critique virulente des institutions et des élites qui lui permet de séduire un électorat antisystème plus large.

S'il est difficile de prédire les évolutions à venir, on peut néanmoins bâtir quelques scénarios. L'un est que s'installera durablement l'opposition centriste-populiste qui s'est imposée au second tour de l'élection présidentielle française de 2017. Cela pourrait donner lieu à l'une ou l'autre des évolutions qu'a connues l'Italie. Après guerre, le parti démocrate-chrétien avait gouverné sans partage en se nourrissant de la peur du vote communiste. Une autre variante, toujours à l'image italienne, est que les oppositions antisystème parviennent à se rassembler sur une plateforme commune, comme elles l'ont fait de l'autre côté des Alpes

---

1. Gosta Esping-Andersen, *Les Trois Mondes de l'État-providence*, Paris, PUF, 1999. Yann Algan et Pierre Cahuc, *La Société de défiance*, Paris, Éditions rue d'Ulm-ENS, «Collection CEPREMAP», 2007.

pour vaincre Renzi et Berlusconi. Nous avons vu toutefois que le cas italien n'est pas directement transposable aux autres pays. Le Mouvement 5 étoiles partage une idéologie anti-immigrés qui le rapproche davantage de la Ligue du Nord de Salvini que de la gauche radicale des autres pays européens. Un troisième scénario est que l'opposition gauche-droite reprenne des couleurs, chaque camp reconstruisant des alliances en partant de ses valeurs. Ce scénario ne sera néanmoins possible que s'ils parviennent, chacun à leur façon, à reconquérir l'électorat populaire en proposant des politiques qui offrent des réponses réelles à son isolement croissant.

Chassées des usines puis des villes, les classes populaires ont fait à leur manière sécession politiquement en votant pour la droite populiste, en manifestant haut et fort leur défiance générale à l'égard des institutions et du reste de la société. Construire des institutions inclusives, sur les lieux de travail et dans les territoires, réinventer la vie politique grâce à de nouvelles alliances, ouvertes à la diversité sociale et territoriale, qui ressourcent le débat démocratique au lieu de l'enfermer dans une opposition vaine entre « la démocratie et ses ennemis », telle est la tâche que le mal-être qui s'exprime dans le vote populiste rend indispensable d'entreprendre.

Annexes

Annexe 1. Bases des données

Enquête électorale française (EnEF)
L'Enquête électorale française, collectée par le CEVIPOF à Sciences Po en partenariat avec IPSOS et *Le Monde*, est une base de données longitudinales comprenant un échantillon d'environ 24 000 personnes en France. Les répondants ont reçu des questionnaires mensuels au cours de l'année précédant l'élection présidentielle française en 2017 et lors de plusieurs vagues par la suite[1]. Les milliers de questions incluent des indicateurs objectifs,

1. Si la taille moyenne de l'échantillon est d'environ 13 000 personnes par vague, chaque personne ne répond pas à chaque vague, nos spécifications requièrent de regrouper les données d'une vague à l'autre (par exemple : chaque vague contient différentes questions idéologiques, les questions de confiance sont posées dans une vague différente de celles qui sont liées à la satisfaction dans la vie, et les questions portant sur le vote sont posées en une seule vague). Afin de conserver un échantillon cohérent à travers toutes les colonnes (en particulier lorsque nous souhaitons examiner le changement dans un coefficient quand une covariable particulière est incluse), nous limitons notre échantillon aux observations faisant état de toutes les données pertinentes et de répondants constants au cours du temps. Cela se traduit par des tailles d'échantillon plus petites pour la plupart de nos spécifications. Des résultats équivalents sont obtenus en utilisant l'échantillon complet disponible.

tels que les niveaux de diplôme et de revenu, mais également des informations sur le contexte familial, les attentes et les préférences en matière de politiques publiques. Élément important pour cet article, la base de données comprend un grand nombre de questions sur le bien-être subjectif (la satisfaction dans la vie aujourd'hui et la satisfaction anticipée pour la vie future, par exemple), la confiance (confiance généralisée, confiance interpersonnelle et confiance institutionnelle), les émotions et l'idéologie (positionnement envers les immigrés, la redistribution, l'homosexualité et l'équité du système dans son ensemble).

Enquête sociale européenne

L'Enquête sociale européenne (European Social Survey : ESS) est menée dans une trentaine de pays européens tous les deux ans depuis 2001. Elle vise à mesurer les attitudes, opinions et modes de comportement des citoyens européens en ce qui concerne la politique, le travail, l'économie, etc. Cette base de données permet une analyse de l'évolution dans le temps de la structure sociale, des conditions de vie et des attitudes au vu de sa représentativité nationale. Des questions récurrentes portent sur les caractéristiques individuelles des répondants ainsi que sur leur satisfaction dans la vie, confiance interpersonnelle (via la question généralisée de Rosenberg), confiance institutionnelle et affiliation politique. Cette dernière contient une question interrogeant les enquêtés sur le parti politique pour lequel ils ont voté lors de la dernière élection nationale. Les questionnaires comportent également des modules ponctuels permettant d'étudier des problématiques d'actualité, telles que les conditions de travail et le bien-être.

European Social Survey Cumulative Files, ESS1-8 (2018). Data file edition 1.0. NSD-Norwegian Center for Research Data, Norway-Data Archive and Distributor of ESS data for ESS ERIC. doi : 10.21338/NSD-ESS-CUMULATIVE.

Le Baromètre de la confiance politique

Le Baromètre de la confiance politique est une enquête menée régulièrement depuis 2009 par le CEVIPOF (Sciences Po Paris). La vague d'enquêtes principalement utilisée dans cet ouvrage (vague 10) a eu lieu du 13 au 24 décembre 2018, et les premiers résultats sont parus dès janvier 2019. L'enquête comporte un échantillon de 2 116 personnes, représentatif de la population française (inscrites sur les listes électorales), interrogées selon la méthode des quotas.

Enquête électorale américaine

L'Enquête électorale américaine (American National Election Studies : ANES) est menée aux États-Unis toutes les années d'élections présidentielles depuis 1948. Ce sondage vise à mesurer le vote, l'opinion publique et la participation politique des citoyens américains. Cette base de données permet de mieux comprendre les résultats des élections au vu de sa représentativité nationale, ainsi que de mener des études comparatives dans le temps. Certaines questions sont récurrentes, comme celles sur les caractéristiques individuelles des répondants ainsi que sur leur confiance interpersonnelle (via, comme dans l'ESS, la question généralisée de Rosenberg), leur confiance institutionnelle et leur affiliation politique. Nous nous sommes particulièrement intéressés au vote des répondants lors de la dernière élection primaire nationale. Nous avons aussi analysé des questions apparues plus tard, telles que celle portant sur la satisfaction de vie, dont les données sont disponibles en 2012 et en 2016 seulement.

Données sur les Gilets jaunes

Aucune source officielle n'a mis à la disposition des chercheurs les données concernant les manifestations et blocages relatifs au mouvement des Gilets jaunes. Les données utilisées dans cette note proviennent de la carte interactive qui émane du mouvement, où chaque groupe de Gilets jaunes avait la possibilité de géolocaliser son action (blocage de rond-point, opérations péages gratuits, barrages filtrants...) et de la relier au groupe Facebook correspondant. Nous avons pu extraire ces données depuis Google Maps, pour les dates du 17 novembre et autour du 20 décembre. Pour mesurer l'intensité du mouvement dans chaque département, nous reportons le nombre de blocages pour 100 000 habitants.

SRCV
Statistiques sur les ressources et conditions de vie (SRCV) – 2013, INSEE (producteur), ADISP (diffuseur).

CREDOC
Conditions de vie et aspirations – 1997-2016, CREDOC (producteur), ADISP (diffuseur).

Annexe 2. Variables idéologiques : EnEF

Financière

Regroupement idéologique	Coefficient alpha de Cronbach	Questions	Échelle initiale	Inversée
Solidarité	0.779	C'est probablement une bonne chose que la société soit composée de groupes sociaux dont certains sont en haut de l'échelle et d'autres en bas de l'échelle.	1 = pas du tout d'accord, 7 = totalement d'accord	Oui
		Les groupes sociaux en bas de l'échelle devraient se maintenir à cette place.	1 = pas du tout d'accord, 7 = totalement d'accord	Oui
		Nous devrions faire notre possible pour que les différents groupes dans la société vivent dans les mêmes conditions.	1 = pas du tout d'accord, 7 = totalement d'accord	
		Nous devrions avoir davantage d'égalité dans la société.	1 = pas du tout d'accord, 7 = totalement d'accord	
Perception des banques négative	0.7014	D'une manière générale, dites si les acteurs de la vie économique suivants évoquent pour vous une image très positive, plutôt positive, ni positive ni négative, plutôt négative ou très négative : les banquiers	1 = très positive, 5 = très négative	
		D'une manière générale, dites si les acteurs de la vie économique suivants évoquent pour vous une image très positive, plutôt positive, ni positive ni négative, plutôt négative ou très négative : les chefs d'entreprise	1 = très positive, 5 = très négative	

Catégorie	Coef.	Question	Échelle	
		D'une manière générale, dites si les acteurs de la vie économique suivants évoquent pour vous une image très positive, plutôt positive, ni positive ni négative, plutôt négative ou très négative : les actionnaires	1 = très positive, 5 = très négative	
Soutien fonctionnaires	0.8316	Selon vous, faudrait-il, en France, augmenter, maintenir au même niveau ou diminuer… le nombre de fonctionnaires ?	1 = fortement diminuer, 5 = fortement augmenter	
		Il faudrait réduire le nombre de fonctionnaires.	1 = tout à fait d'accord, 5 = pas d'accord du tout	
	0.7541	En matière de justice sociale, il faudrait prendre aux riches pour donner aux pauvres.	1 = tout à fait d'accord, 5 = pas d'accord du tout	Oui
		Pour faire face aux difficultés économiques, l'État doit faire confiance aux entreprises et leur donner plus de liberté.	1 = tout à fait d'accord, 5 = pas d'accord du tout	Oui
Pour intervention et dépenses gouvernementales		Pensez-vous qu'il faut accorder en priorité, dans les prochaines années…	1 = à la compétitivité de l'économie française, 2 = à l'amélioration de la situation des salariés	
		Selon vous, la société française d'aujourd'hui accorde-t-elle trop d'importance, pas assez d'importance, ou ni trop ni pas assez d'importance… aux acquis sociaux ?	1 = vraiment trop d'importance, 5 = vraiment pas assez d'importance	

Selon vous, faudrait-il, en France, plus, autant ou moins de dépenses publiques pour… le remboursement, par l'assurance maladie, des consultations et soins médicaux ?

1 = beaucoup moins de dépenses, 5 = beaucoup plus de dépenses

Selon vous, faudrait-il, en France, plus, autant ou moins de dépenses publiques pour… les retraites ?

1 = beaucoup moins de dépenses, 5 = beaucoup plus de dépenses

Selon vous, faudrait-il, en France, plus, autant ou moins de dépenses publiques pour… l'assurance chômage ?

1 = beaucoup moins de dépenses, 5 = beaucoup plus de dépenses

Selon vous, faudrait-il, en France, plus, autant ou moins de dépenses publiques pour… les aides sociales, comme le RSA (l'ex-RMI) ou l'allocation logement, réservées aux foyers les plus modestes ?

1 = beaucoup moins de dépenses, 5 = beaucoup plus de dépenses

LES ORIGINES DU POPULISME

Confiance dans la société

Regroupement idéologique	Coefficient alpha de Cronbach	Questions	Échelle initiale	Inversée
Confiance politiciens	0.771	Les hommes politiques à l'Assemblée nationale doivent suivre la volonté du peuple.	1 = pas du tout d'accord, 5 = tout à fait d'accord	Oui
		Les décisions politiques les plus importantes devraient être prises par le peuple et non pas par les hommes politiques.	1 = pas du tout d'accord, 5 = tout à fait d'accord	Oui
		Les différences politiques entre les citoyens ordinaires et les élites sont plus grandes que les différences entre citoyens.	1 = pas du tout d'accord, 5 = tout à fait d'accord	Oui
		Je préférerais être représenté par un citoyen ordinaire plutôt que par un politicien professionnel.	1 = pas du tout d'accord, 5 = tout à fait d'accord	Oui
		Les hommes politiques parlent trop et n'agissent pas assez.	1 = pas du tout d'accord, 5 = tout à fait d'accord	Oui
		En politique, lorsqu'on parle de compromis, c'est qu'on renonce en réalité à ses principes.	1 = pas du tout d'accord, 5 = tout à fait d'accord	Oui
		Les électeurs devraient pouvoir être consultés par référendum sur les questions importantes pour notre pays.	1 = pas du tout d'accord, 5 = tout à fait d'accord	Oui
		Si l'occasion se présentait, je participerais certainement à une réunion pour discuter de problèmes politiques locaux ou municipaux.	1 = pas du tout d'accord, 5 = tout à fait d'accord	Oui

Confiance institutionnelle	0.8795	Sur une échelle de 0 à 10, avez-vous confiance ou pas dans chacune des institutions suivantes : l'Assemblée nationale ?	0 = absolument pas confiance, 10 = absolument confiance
		Sur une échelle de 0 à 10, avez-vous confiance ou pas dans chacune des institutions suivantes : le Sénat ?	0 = absolument pas confiance, 10 = absolument confiance
		Sur une échelle de 0 à 10, avez-vous confiance ou pas dans chacune des institutions suivantes : le Conseil constitutionnel ?	0 = absolument pas confiance, 10 = absolument confiance
		Sur une échelle de 0 à 10, avez-vous confiance ou pas dans chacune des institutions suivantes : l'Union européenne ?	0 = absolument pas confiance, 10 = absolument confiance
		Sur une échelle de 0 à 10, avez-vous confiance ou pas dans chacune des institutions suivantes : la mairie de votre commune ?	0 = absolument pas confiance, 10 = absolument confiance
		Sur une échelle de 0 à 10, avez-vous confiance ou pas dans chacune des institutions suivantes : la présidence de la République française ?	0 = absolument pas confiance, 10 = absolument confiance

Les élites politiques ignorent les problèmes du peuple.

0 = absolument pas d'accord,
10 = absolument d'accord

Oui

Le pouvoir politique est soumis aux puissances économiques.

0 = absolument pas d'accord,
10 = absolument d'accord

Oui

On manque d'informations et d'explications sur les décisions politiques.

0 = absolument pas d'accord,
10 = absolument d'accord

Oui

Tous les citoyens ne sont pas traités de la même manière.

0 = absolument pas d'accord,
10 = absolument d'accord

Oui

Trop de décisions sont prises par des experts non élus.

0 = absolument pas d'accord,
10 = absolument d'accord

Oui

Il n'y a pas assez de contrôle de l'action des dirigeants politiques.

0 = absolument pas d'accord,
10 = absolument d'accord

Oui

Le vote blanc n'est pas assez pris en compte.

0 = absolument pas d'accord,
10 = absolument d'accord

Oui

La France pourrait être mieux gouvernée si l'on… tirait au sort au moins une partie des décideurs parmi les citoyens ordinaires.

0 = absolument pas d'accord,
10 = absolument d'accord

Oui

	La France pourrait être mieux gouvernée si l'on… faisait en sorte que les profils des dirigeants reflètent la diversité de la société actuelle.	0 = absolument pas d'accord, 10 = absolument d'accord	Oui
	La France pourrait être mieux gouvernée si l'on… testait et évaluait la compétence des élus avant qu'ils n'entrent en fonction.	0 = absolument pas d'accord, 10 = absolument d'accord	Oui
	La France pourrait être mieux gouvernée si l'on… avait davantage recours au référendum pour que les citoyens aient le dernier mot.	0 = absolument pas d'accord, 10 = absolument d'accord	Oui
	La France pourrait être mieux gouvernée si l'on… rendait le vote obligatoire à toutes les élections.	0 = absolument pas d'accord, 10 = absolument d'accord	Oui
	La France pourrait être mieux gouvernée si l'on… consultait plus fréquemment des groupes de citoyens ordinaires.	0 = absolument pas d'accord, 10 = absolument d'accord	Oui
La société est juste	0.7603	En général, vous trouvez que la société est juste.	0 = absolument en désaccord, 9 = absolument d'accord
		En général, les institutions fonctionnent comme elles le devraient en France.	0 = absolument en désaccord, 9 = absolument d'accord
		La plupart des politiques publiques sont au service de l'intérêt général.	0 = absolument en désaccord, 9 = absolument d'accord

			0 = absolument en désaccord,
		Chacun a la même chance de s'enrichir et d'être heureux dans la vie.	9 = absolument d'accord,
		La société est structurée de telle sorte qu'en général les gens obtiennent ce qu'ils méritent.	0 = absolument en désaccord, 9 = absolument d'accord

Ouverture

Regroupement idéologique	Coefficient alpha de Cronbach	Questions	Échelle initiale	Inversée
	0.8693	Dites pour chaque mot s'il vous semble positif, négatif, ou ni positif ni négatif : la fraternité ?	1 = positif, 3 = négatif	
		Dites pour chaque mot s'il vous semble positif, négatif, ou ni positif ni négatif : l'égalité ?	1 = positif, 3 = négatif	
Patriotisme		Dites pour chaque mot s'il vous semble positif, négatif, ou ni positif ni négatif : la liberté ?	1 = positif, 3 = négatif	
		Dites pour chaque mot s'il vous semble positif, négatif, ou ni positif ni négatif : la justice ?	1 = positif, 3 = négatif	

0.8398	La France est le meilleur pays au monde pour y vivre.	0 = absolument en désaccord, 9 = absolument d'accord	Oui
	Sur une échelle de 0 à 10, ressentez-vous à propos de la situation aujourd'hui en France… de l'enthousiasme ?	0 = pas du tout, 10 = énormément	Oui
	Sur une échelle de 0 à 10, ressentez-vous à propos de la situation aujourd'hui en France… de l'espoir ?	0 = pas du tout, 10 = énormément	Oui
Peur pour la France	Sur une échelle de 0 à 10, ressentez-vous à propos de la situation économique aujourd'hui en France… de l'enthousiasme ?	0 = pas du tout, 10 = énormément	Oui
	Sur une échelle de 0 à 10, ressentez-vous à propos de la situation économique aujourd'hui en France… de l'espoir ?	0 = pas du tout, 10 = énormément	Oui
0.8419	Si on annonçait demain que l'Union européenne est abandonnée, éprouveriez-vous… ?	1 = de grands regrets, 3 = un vif soulagement	Oui
Scepticisme Union européenne	Certaines personnes peuvent avoir des craintes concernant la construction européenne. Pour chacun des aspects suivants, dites si vous en avez personnellement peur ou non. Qu'avec la construction européenne… il y ait moins de protection sociale en France.	1 = oui, 2 = non	

Certaines personnes peuvent avoir des craintes concernant la construction européenne. Pour chacun des aspects suivants, dites si vous en avez personnellement peur ou non. Qu'avec la construction européenne… on perde notre identité nationale et notre culture.

1 = oui, 2 = non

Certaines personnes peuvent avoir des craintes concernant la construction européenne. Pour chacun des aspects suivants, dites si vous en avez personnellement peur ou non. Qu'avec la construction européenne… la France joue un rôle moins important dans ce monde.

1 = oui, 2 = non

Certaines personnes peuvent avoir des craintes concernant la construction européenne. Pour chacun des aspects suivants, dites si vous en avez personnellement peur ou non. Qu'avec la construction européenne… il y ait davantage de chômage en France.

1 = oui, 2 = non

Certaines personnes peuvent avoir des craintes concernant la construction européenne. Pour chacun des aspects suivants, dites si vous en avez personnellement peur ou non. Qu'avec la construction européenne… il y ait une augmentation du nombre d'immigrés.

1 = oui, 2 = non

Certaines personnes peuvent avoir des craintes concernant la construction européenne. Pour chacun des aspects suivants, dites si vous en avez personnellement peur ou non. Qu'avec la construction européenne… la France paie pour les autres pays.

1 = oui, 2 = non

Vous personnellement, vous sentez-vous :

1 = français seulement,
2 = français et européen,
3 = européen et français,
4 = européen seulement

Les politiques menées au niveau de l'Union européenne ont-elles eu une influence positive, une influence négative ou pas d'influence sur… le chômage en France ?

0 = extrêmement négative,
10 = extrêmement positive

Les politiques menées au niveau de l'Union européenne ont-elles eu une influence positive, une influence négative ou pas d'influence sur… les impôts et les taxes en France ?

0 = extrêmement négative,
10 = extrêmement positive

Les politiques menées au niveau de l'Union européenne ont-elles eu une influence positive, une influence négative ou pas d'influence sur… la dette et les déficits en France ?

0 = extrêmement négative,
10 = extrêmement positive

Les politiques menées au niveau de l'Union européenne ont-elles eu une influence positive, une influence négative ou pas d'influence sur… l'immigration en France ?

0 = extrêmement négative,
10 = extrêmement positive

Les politiques menées au niveau de l'Union européenne ont-elles eu une influence positive, une influence négative ou pas d'influence sur… le changement climatique en France ?

0 = extrêmement négative,
10 = extrêmement positive

Les politiques menées au niveau de l'Union européenne ont-elles eu une influence positive, une influence négative ou pas d'influence sur… la croissance en France ?

0 = extrêmement négative,
10 = extrêmement positive

Valeurs morales

Regroupement idéologique	Coefficient alpha de Cronbach	Questions	Échelle initiale	Inversée
Degré de soutien pour les immigrés	0,9196	Il y a trop d'immigrés en France.	1 = tout à fait d'accord, 5 = pas d'accord du tout	
		En matière d'emploi, on devrait donner la priorité à un Français sur un immigré.	1 = tout à fait d'accord, 5 = pas d'accord du tout	
		Les enfants d'immigrés nés en France sont des Français comme les autres.	1 = tout à fait d'accord, 5 = pas d'accord du tout	Oui
		L'immigration est une source d'enrichissement culturel.	1 = tout à fait d'accord, 5 = pas d'accord du tout	Oui
		L'islam est une menace pour l'Occident.	1 = tout à fait d'accord, 5 = pas d'accord du tout	
		Selon vous, faudrait-il, en France, augmenter, maintenir au même niveau ou diminuer… les possibilités pour les étrangers en situation régulière de participer aux élections françaises ?	1 = fortement diminuer, 5 = fortement augmenter	
		Selon vous, faudrait-il, en France, augmenter, maintenir au même niveau ou diminuer… le nombre d'étrangers autorisés à résider en France ?	1 = fortement diminuer, 5 = fortement augmenter	
		Selon vous, faudrait-il, en France, augmenter, maintenir au même niveau ou diminuer… le nombre d'expulsions d'immigrés clandestins ?	1 = fortement diminuer, 5 = fortement augmenter	Oui

Selon vous, faudrait-il, en France, augmenter, maintenir au même niveau ou diminuer... le nombre de réfugiés et de demandeurs d'asile accueillis en France ? — 1 = fortement diminuer, 5 = fortement augmenter

Selon vous, faudrait-il, en France, plus, autant ou moins de dépenses publiques pour... les aides sociales versées aux étrangers en situation régulière en France ? — 1 = beaucoup moins de dépenses, 5 = beaucoup plus de dépenses

0.7801 — Il faudrait rétablir la peine de mort. — 1 = tout à fait d'accord, 5 = pas d'accord du tout — Oui

Une augmentation des dépenses publiques dans un secteur peut engendrer une augmentation des impôts. À l'inverse, une baisse des dépenses peut entraîner une restriction de certains services. Selon vous, faudrait-il, en France, plus, autant ou moins de dépenses publiques pour... les contrôles aux frontières de la France avec les autres pays de l'Union européenne ? — 1 = beaucoup moins de dépenses, 5 = beaucoup plus de dépenses

Selon vous, faudrait-il, en France, plus, autant ou moins de dépenses publiques pour... la police et le maintien de l'ordre ? — 1 = beaucoup moins de dépenses, 5 = beaucoup plus de dépenses

Selon vous, faudrait-il, en France, plus, autant ou moins de dépenses publiques pour... l'armée et la défense ? — 1 = beaucoup moins de dépenses, 5 = beaucoup plus de dépenses

Contre dépenses militaires/policiers — Selon vous, faudrait-il, en France, augmenter, maintenir au même niveau ou diminuer... la sévérité des peines pour les délinquants ? — 1 = fortement diminuer, 5 = fortement augmenter

	Question	Échelle	
	Selon vous, faudrait-il, en France, augmenter, maintenir au même niveau ou diminuer… les moyens de surveillance à la disposition des services de renseignements.	1 = fortement diminuer, 5 = fortement augmenter	Oui
	Quelle est l'importance, pour vous personnellement, des questions suivantes : l'environnement ?	1 = pas du tout important, 5 = extrêmement important	
Soutien des causes environnementales	0.8084		
	Selon vous, faudrait-il, en France, plus, autant ou moins de dépenses publiques pour… la protection de l'environnement ?	1 = beaucoup moins de dépenses, 5 = beaucoup plus de dépenses	
	Selon vous, faudrait-il, en France, plus, autant ou moins de dépenses publiques pour… lutter contre le réchauffement climatique ?	1 = beaucoup moins de dépenses, 5 = beaucoup plus de dépenses	
	Selon vous, faudrait-il, en France, augmenter, maintenir au même niveau ou diminuer… les taxes sur les activités polluantes ?	1 = fortement diminuer, 5 = fortement augmenter	
Soutien des droits des homosexuels	0.7249		
	L'homosexualité est une manière acceptable de vivre sa sexualité.	1 = tout à fait d'accord, 5 = pas d'accord du tout	
	Selon vous, faudrait-il, en France, augmenter, maintenir au même niveau ou diminuer… les droits des homosexuels ?	1 = fortement diminuer, 5 = fortement augmenter	

Annexe 3. Partis politiques des 15 pays de l'Union européenne (2012-2016)

Pays	Classification	Nom officiel du parti	Nom du parti en français	Sigle utilisé
Allemagne	Gauche radicale	Die Linke	La Gauche	DL
	Gauche radicale	Piratenpartei Deutschland	Parti des pirates	
	Gauche	Die andere Partei		
	Gauche	Bündnis 90/Die Grünen	Alliance 90/Les Verts	Grünen
	Gauche	Sozialdemokratische Parei Deutschlands	Parti social-démocrate d'Allemagne	SPD
	Centre	Freie Demokratische Partei	Parti libéral-démocrate	
	Droite	Christlich Demokratische Union Deutschlands / Christlich-Soziale Union in Bayern	Union chrétienne-démocrate d'Allemagne/Union chrétienne-sociale en Bavière	CDU/CSU
	Droite populiste	Alternative für Deutschland	Alternative pour l'Allemagne	AfD
	Droite populiste	Die Republikaner	Les Républicains	
	Droite populiste	Nationaldemokratische Partei Deutschlands	Parti national-démocrate d'Allemagne	

Autriche			
	Gauche radicale	Kommunistische Partei Österreichs	Parti communiste d'Autriche
	Gauche	Die Grünen – Die Grüne Alternative	Les Verts-L'Alternative verte
	Gauche	Sozialdemokratische Partei Österreichs	Parti social-démocrate d'Autriche
	Centre	Piratenpartei Österreichs	Parti des pirates d'Autriche
	Centre	Das Neue Österreich und Liberales Forum	La nouvelle Autriche et le Forum libéral
	Droite	Team Stronach für Österreich	Team Stronach pour l'Autriche
	Droite	Österreichische Volkspartei	Parti populaire autrichien
	Droite populiste	Bündnis Zukunft Österreich	Alliance pour l'avenir de l'Autriche
	Droite populiste	Freiheitliche Partei Österreichs	Parti de la liberté d'Autriche

	Gauche radicale		Parti du travail de Belgique
	Gauche		Écolo
	Gauche	Groen	Vert
	Gauche		Parti socialiste francophone
	Gauche	Socialistische Partij Anders	Parti socialiste flamand
	Centre	Christen-Democratisch en Vlaams	Chrétiens-démocrates et flamands
	Centre		Centre démocrate humaniste
Belgique	Droite	Lijst Dedecker	Libertaire, Direct, Démocratique
	Droite		Mouvement réformateur
	Droite	Nieuw-Vlaamse Alliantie	Alliance néo-flamande
	Droite	Open Vlaamse Liberalen en Democraten	Libéraux et démocrates flamands
	Droite populiste		Front national
	Droite populiste	Volkspartij	Parti populaire
	Droite populiste	Vlaams Belang	Intérêt flamand

Danemark	Gauche radicale	Enhedslisten	Liste de l'unité
	Gauche	SF Socialistisk Folkeparti - Socialist	Parti populaire socialiste
	Gauche	Socialdemokraterne	Sociaux-démocrates
	Centre	Det Radikale Venstre	Parti social-libéral danois
	Droite	Det Konservative Folkeparti	Parti populaire conservateur
	Droite	Kristendemokraterne	Chrétiens-démocrates
	Droite	Liberal Alliance	Alliance libérale
	Droite	Venstre	Parti libéral du Danemark
	Droite populiste	Dansk Folkeparti	Parti populaire danois

Espagne	Gauche radicale	Compromís - EQUO	
	Gauche radicale	Compromís-Podemos-EUPV	Coalition Compromís-Podemos-Gauche unie du Pays valencien
	Gauche radicale	Euskal Herria Bildu	« Réunir le Pays basque »
	Gauche radicale	En Comú Podem	En commun, nous pouvons
	Gauche radicale	En Marea	
	Gauche radicale	Izquierda Unida-Iniciativa per Catalunya Verds	Gauche unie-Initiative pour la Catalogne Verts
	Gauche radicale	Unidas Podemos	« Unis, nous pouvons » Podemos
	Gauche	Amaiur	Ancienne coalition politique basque
	Gauche	Bloque Nacionalista Galego	Bloc nationaliste galicien
	Gauche	Esquerra Republicana de Catalunya	Gauche républicaine de Catalogne
	Gauche	Geroa Bai	« Oui au futur »
	Gauche	Partido Antitaurino Contra el Maltrato Animal	Parti animaliste contre la maltraitance animale
	Gauche	Partido Socialista Obrero Español	Parti socialiste ouvrier espagnol PSOE
	Centre	Partido Demócrata Europeo Catalán	Parti démocrate européen catalan

Centre	Ciudadanos-Partido de la Ciudadanía	Citoyens-Parti de la Citoyenneté	Cs
Centre	Convergència i Unió	Convergence et Union	
Centre	Foro de Ciudadanos	Forum des Asturies	
Centre	Partido Nacionalista Vasco	Parti nationaliste basque	
Centre	Unión, Progreso y Democracia	Union, progrès et démocratie	
Droite	Partido Popular	Parti populaire-Union du peuple navarrais	PP
Droite	Coalición Canaria	Coalition canarienne	
Finlande	Gauche radicale	Vasemmistoliitto	Alliance de gauche
	Gauche radicale	Suomen kommunistinen puolue	Parti communiste de Finlande
	Gauche radicale	Kommunistinen Työväenpuolue – Rauhan ja Sosialismin puolesta	Parti des travailleurs communistes-Pour la paix et le socialisme
	Gauche	Muutos 2011	Changement 2011

Gauche	Suomen Sosialidemokraattinen Puolue	Parti social-démocrate de Finlande
Gauche	Suomen työväenpuolue	Parti des travailleurs de Finlande
Centre	Vihreä liitto	Ligue verte
Centre	Itsenäisyyspuolue	Parti de l'indépendance
Centre	Piraattipuolue	Parti pirate
Centre	Suomen Keskusta	Parti du centre
Droite	Kristillisdemokraatit	Chrétiens-démocrates
Droite	Köyhien Asialla	Pour les pauvres
Droite	Kansallinen Kokoomus	Parti de la coalition nationale
Droite	Suomen ruotsalainen kansanpuolue	Parti populaire suédois de Finlande
Droite populiste	Perussuomalaiset	Vrais Finlandais

France		
	Gauche radicale	Front de gauche
	Gauche radicale	Lutte ouvrière
	Gauche radicale	Nouveau Parti anticapitaliste
	Gauche	Europe Écologie Les Verts
	Gauche	Parti radical de gauche
	Gauche	Parti socialiste
	Centre	Mouvement démocrate
	Centre	Les Centristes
	Centre	Parti radical valoisien
	Droite	Chasse, pêche, nature et tradition
	Droite	Union pour un mouvement populaire
	Droite populiste	Front national
	Extrême droite	Mouvement pour la France

Grande-Bretagne	Gauche	Green Party of England and Wales	Parti vert de l'Angleterre et du pays de Galles	
	Gauche	Labour Party	Parti travailliste	Labour
	Gauche	Plaid Cymru	Parti du pays de Galles	
	Gauche	Scottish National Party	Parti national écossais	
	Gauche	Sinn Féin	« Nous-mêmes »	
	Gauche	Social Democratic and Labour Party	Parti social-démocrate et travailliste	
	Centre	Alliance Party of Northern Ireland	Parti de l'Alliance d'Irlande du Nord	
	Centre	Liberal Democrats	Libéraux-démocrates	Lib Dems
	Droite	Conservative and Unionist Party	Parti conservateur et unioniste	Tories
	Droite	Ulster Unionist Party	Parti unioniste d'Ulster	
	Droite populiste	Democratic Unionist Party	Parti unioniste démocrate	
	Droite populiste	UK Independence Party	Parti pour l'indépendance du Royaume-Uni	UKIP

	Nom catégorisé			
Irlande	Gauche radicale	Solidarity–People Before Profit	Solidarité-Le Peuple avant le profit	
	Gauche radicale	Socialist Party	Parti socialiste	
	Gauche radicale	United Left Alliance	Alliance de la gauche unie	
	Gauche	Green Party	Parti vert	
	Gauche	The Irish Labour Party	Parti travailliste	
	Gauche	Sinn Féin	« Nous-mêmes »	
	Gauche	Social Democrats	Sociaux-démocrates	
	Centre	Fianna Fáil	Soldats de la destinée	
	Centre	Independent	Indépendants	
	Droite	Fine Gael	Le clan des Gaels	

	Nom catégorisé			
Italie	Gauche radicale	Movimento 5 Stelle	Mouvement 5 étoiles	M5S
	Gauche radicale	Rivoluzione Civile	Révolution civile	
	Gauche radicale	Sinistra Ecologia Libertà	Gauche, écologie et liberté	
	Gauche	Partido Democratico	Parti démocrate	PD
	Centre	Fare per Fermare il Declino	Opérer pour arrêter le déclin	
	Centre	Radicali Italiani	Radicaux italiens	
	Centre	Scelta Civica per l'Italia	Choix civique pour l'Italie	

Centre	Unione Democratica di Centro	Union démocratique du centre	
Droite	Futuro e libertà per l'Italia	Futur et liberté pour l'Italie	
Droite	Il Popolo della Libertà	Le Peuple de la liberté	
Droite populiste	Fratelli d'Italia	Frères d'Italie	
Droite populiste	La Destra	La Droite	
Droite populiste	Lega Nord per l'indipendenza della Padania	Ligue du Nord pour l'indépendance de la Padanie	LN

	Gauche radicale	Socialistische Partij	Parti socialiste	SP
	Gauche	Partij voor de Dieren	Parti pour les animaux	
	Gauche	GroenLinks	Gauche verte	
	Gauche	Partij van de Arbeid	Parti travailliste	PvdA
Pays-Bas	Centre	50PLUS	50 plus	
	Centre	Democraten 1966	Démocrates 66	D66
	Centre	Piratenpartij	Parti des pirates	
	Droite	Volkspartij voor Vrijheid en Democratie	Parti populaire libéral et démocrate	VVD
	Droite	Christen-Democratische Partij	Parti chrétien-démocrate	CDP

	Droite	ChristenUnie	Union chrétienne	
	Droite populiste	Partij voor de Vrijheid	Parti pour la liberté	PVV
	Droite populiste	Staatkundig Gereformeerde Partij	Parti politique réformé	
Portugal	Gauche radicale	Bloco de Esquerda	Bloc de gauche	
	Gauche radicale	Coligação Democrática Unitária	Coalition démocratique unitaire	
	Gauche radicale	Partido Comunista dos Trabalhadores Portugueses	Parti communiste des travailleurs portugais	
	Gauche	LIVRE/Tempo de Avançar	Libre/Temps d'avancer	
	Gauche	Pessoas-Animais-Natureza	Personnes-Animaux-Nature	
	Gauche	Partido Socialista	Parti socialiste	
	Centre	Partido da Terra	Parti de la Terre	
	Centre	Partido Unido dos Reformados e Pensionistas	Parti uni des réformateurs et des retraités	
	Droite	CDS – Partido Popular	CDS-Parti populaire	
	Droite	Partido da Nova Democracia	Parti de la nouvelle démocratie	
	Droite	Partido Social Democrata	Parti social-démocrate	
	Droite	Portugal à Frente	Portugal en avant	

Droite	Partido Popular Monárquico	Parti populaire monarchiste
Droite	Partido Cidadania e Democracia Cristã	Parti citoyen et démocratie chrétienne
Droite populiste	Partido Democrático do Atlântico	Parti démocrate de l'Atlantique
Droite populiste	Partido Nacional Renovador	Parti national rénovateur

	Gauche radicale	FI (Feministiskt initiativ)	Initiative féministe
	Gauche radicale	Vänsterpartiet	Parti de gauche
	Gauche	Miljöpartiet de gröna	Parti de l'environnement-Les Verts
	Gauche	Socialdemokraterna	Sociaux-démocrates
	Centre	Centerpartiet	Parti du centre
Suède	Centre	Moderata samlingspartiet	Parti modéré de rassemblement
	Centre	Piratpartiet	Parti pirate
	Droite	Folkpartiet liberalerna	Les Libéraux
	Droite	Kristdemokraterna	Chrétiens-démocrates
	Droite populiste	Sverigedemokraterna	Démocrates de Suède

Annexe 4. Variables idéologiques : ESS et ANES
Enquête sociale européenne (ESS)

Regroupement idéologique	Label	Questions	Échelle initiale	Inversée
	Pro-UE	Pour certains, l'unification européenne devrait être renforcée. Pour d'autres, elle a déjà été poussée trop loin. Quelle est votre opinion ?	0 = l'unification a déjà été poussée trop loin, 10 = l'unification devrait être renforcée	Non
Attitudes concernant l'Europe et l'immigration	Immigration Bonne pour la culture	Diriez-vous que, dans l'ensemble, la culture de votre pays est menacée ou enrichie par la présence de personnes d'autres pays venant vivre ici ?	0 = la culture est menacée, 10 = la culture est enrichie	Non
	Immigration bonne pour l'économie	Dans l'ensemble, diriez-vous que c'est mauvais ou bon pour l'économie française que des personnes d'autres pays viennent vivre dans votre pays ?	0 = c'est mauvais pour l'économie, 10 = c'est bon pour l'économie	Non
Le gouvernement doit réduire les inégalités		Veuillez indiquer dans quelle mesure vous êtes d'accord ou non avec la phrase suivante : « Le gouvernement devrait prendre des mesures pour réduire les différences de revenu. »	1 = tout à fait d'accord, 5 = pas du tout d'accord	Oui

Confiance dans les institutions	Satisfaction démocratie	Dans l'ensemble, êtes-vous satisfait ou pas satisfait de la manière dont la démocratie fonctionne dans votre pays ?	0 = pas du tout satisfait, 10 = tout à fait satisfait	Non
	Confiance parlement national	Quelle confiance faites-vous, personnellement, au parlement national de votre pays ?	0 = pas du tout confiance, 10 = complètement confiance	Non
	Confiance système judiciaire	Quelle confiance faites-vous, personnellement, à la justice ?	0 = pas du tout confiance, 10 = complètement confiance	Non
	Confiance Parlement européen	Quelle confiance faites-vous, personnellement, au Parlement européen ?	0 = pas du tout confiance, 10 = complètement confiance	Non
	Respect environnement	Dans quelle mesure la personne décrite dans les phrases suivantes vous ressemble-t-elle ? « Il pense que les gens doivent se soucier de la nature. S'occuper de l'environnement est important pour lui. »	1 = tout à fait comme moi, 6 = pas du tout comme moi	Oui
Attitudes sociétales	Égalité des droits LGBT	Veuillez indiquer dans quelle mesure vous êtes d'accord ou non avec la phrase suivante : « Les homosexuels hommes et femmes devraient être libres de vivre leur vie comme ils le souhaitent. »	1 = tout à fait d'accord, 5 = pas du tout d'accord	Oui

Justice sociale	**Composants de l'indicateur** *Chronbach's alpha : 0,6826*		
	Dans quelle mesure la personne décrite dans les phrases suivantes vous ressemble-t-elle ?		
	« C'est important pour lui d'écouter les gens qui sont différents de lui. Même quand il n'est pas d'accord avec eux, il tient quand même à les comprendre. »	1 = tout à fait comme moi, 6 = pas du tout comme moi	Oui
	« Il pense que c'est important que tout être humain soit traité de manière égale. Il pense que tout le monde devrait avoir des chances égales dans la vie. »	1 = tout à fait comme moi, 6 = pas du tout comme moi	Oui
	« C'est très important pour lui d'aider les gens qui l'entourent. Il désire se préoccuper de leur bien-être. »	1 = tout à fait comme moi, 6 = pas du tout comme moi	Oui
	« Être fidèle à ses amis est important pour lui. Il veut se dévouer pour les personnes qui lui sont proches. »	1 = tout à fait comme moi, 6 = pas du tout comme moi	Oui

Enquête électorale américaine, ANES

Regroupement idéologique	Label	Questions	Échelle initiale	Inversée
Attitudes concernant l'immigration	Immigration : positif pour l'économie	Dans l'ensemble, diriez-vous que l'immigration est bonne pour l'économie américaine ?	1 = pas du tout d'accord, 5 = tout à fait d'accord	Oui
	Immigration non liée au crime	Diriez-vous que, dans l'ensemble, l'immigration entraîne une hausse du taux de criminalité aux États-Unis ?	1 = pas du tout d'accord, 5 = tout à fait d'accord	Non
Le gouvernement doit réduire les inégalités		Veuillez indiquer dans quelle mesure vous êtes d'accord avec la phrase suivante : « Le gouvernement devrait prendre des mesures pour réduire les différences de revenu. »	1 = pas du tout d'accord, 5 = tout à fait d'accord	Oui
Confiance dans les institutions	Conf. gouvernement	À quelle fréquence faites-vous confiance au gouvernement ?	1 = toujours, 5 = jamais	Oui
	Gouvernement cherche à satisfaire	Le gouvernement est-il dirigé par un petit groupe de personnes qui œuvrent pour leurs intérêts propres ou qui cherchent à satisfaire tout le monde ?	1 = leurs intérêts propres 2 = cherche à satisfaire tout le monde	Non

	Dépenses pour environnement	Pensez-vous que le budget gouvernemental alloué à la protection de l'environnement devrait être augmenté, rester le même ou baisser ?	1 = augmenté, 2 = baisser, 3 = rester le même	Oui
Attitudes sociétales	Égalité des droits LGBT	Êtes-vous favorable à la légalisation du mariage homosexuel ?	1 = le mariage homosexuel devrait être autorisé par la loi 2 = les couples homosexuels devraient pouvoir former des unions civiles mais pas se marier. 3 = il ne devrait y avoir aucune reconnaissance légale des unions homosexuelles	Oui

Table

Dans la même collection

Éric MAURIN
L'Égalité des possibles
(2002)

Thérèse DELPECH
Politique du chaos
(2002)

Olivier ROY
Les Illusions du 11 septembre
(2002)

Jean-Paul FITOUSSI
La Règle et le Choix
(2002)

Michael IGNATIEFF
Kaboul-Sarajevo
(2002)

Daniel LINDENBERG
Le Rappel à l'ordre
(2002) et (2016 nouvelle édition avec une postface inédite)

Pierre-Michel MENGER
Portrait de l'artiste en travailleur
(2003)

Hugues LAGRANGE
Demandes de sécurité
(2003)

Xavier GAULLIER
Le Temps des retraites
(2003)

Suzanne BERGER
Notre première mondialisation
(2003)

Robert CASTEL
L'Insécurité sociale
(2003)

Bruno TERTRAIS
La Guerre sans fin
(2004)

Thierry PECH, Marc-Olivier PADIS
Les Multinationales du cœur
(2004)

Pascal LAMY
La Démocratie-monde
(2004)

Philippe ASKENAZY
Les Désordres du travail
(2004)

François DUBET
L'École des chances
(2004)

Éric MAURIN
Le Ghetto français
(2004)

Julie ALLARD, Antoine GARAPON
Les Juges dans la mondialisation
(2005)

François DUPUY
La Fatigue des élites
(2005)

Patrick WEIL
La République et sa diversité
(2005)

Jean PEYRELEVADE
Le Capitalisme total
(2005)

Patrick HAENNI
L'Islam de marché
(2005)

Marie DURU-BELLAT
L'Inflation scolaire
(2006)

Jean-Louis MISSIKA
La Fin de la télévision
(2006)

Daniel COHEN
Trois Leçons sur la société post-industrielle
(2006)

Louis CHAUVEL
Les Classes moyennes à la dérive
(2006)

François HÉRAN
Le Temps des immigrés
(2007)

Dominique MÉDA, Hélène PÉRIVIER
Le Deuxième Âge de l'émancipation
(2007)

Thomas PHILIPPON
Le Capitalisme d'héritiers
(2007)

Youssef COURBAGE, Emmanuel TODD
Le Rendez-vous des civilisations
(2007)

Robert CASTEL
La Discrimination négative
(2007)

Laurent DAVEZIES
La République et ses territoires
(2008)

Gösta ESPING ANDERSEN
(avec Bruno Palier)
Trois Leçons sur l'État-providence
(2008)

Loïc BLONDIAUX
Le Nouvel Esprit de la démocratie
(2008)

Jean-Paul FITOUSSI, Éloi LAURENT
La Nouvelle Écologie politique
(2008)

Christian BAUDELOT, Roger ESTABLET
L'Élitisme républicain
(2009)

Éric MAURIN
La Peur du déclassement
(2009)

Patrick PERETTI-WATTEL, Jean-Paul MOATTI
Le Principe de prévention
(2009)

Esther DUFLO
Le Développement humain
Lutter contre la pauvreté (I)
(2010)

Esther DUFLO
La Politique de l'autonomie
Lutter contre la pauvreté (II)
(2010)

François DUBET
Les Places et les Chances
Repenser la justice sociale
(2010)

Dominique CARDON
La Démocratie Internet
Promesses et limites
(2010)

Dominique BOURG, Kerry WHITESIDE
Vers une démocratie écologique
Le citoyen, le savant et le politique
(2010)

Patrice FLICHY
Le Sacre de l'amateur
(2010)

Camille LANDAIS, Thomas PIKETTY, Emmanuel SAEZ
Pour une révolution fiscale
Un impôt sur le revenu pour le XXIe siècle
(2011)

Pierre LASCOUMES
Une démocratie corruptible
(2011)

Philippe AGHION, Alexandra ROULET
Repenser l'État
Pour une social-démocratie de l'innovation
(2011)

COLLECTIF
Refaire société
(2011)

Dominique GOUX, Éric MAURIN
Les Nouvelles Classes moyennes
(2012)

Blanche SEGRESTIN, Armand HATCHUEL
Refonder l'entreprise
(2012)

Nicolas DUVOUX
Le Nouvel Âge de la solidarité
Pauvreté, précarité et politiques publiques
(2012)

François BOURGUIGNON
La Mondialisation de l'inégalité
(2012)

Laurent DAVEZIES
La crise qui vient
La nouvelle fracture territoriale
(2012)

Michel KOKOREFF, Didier LAPEYRONNIE
Refaire la cité
L'avenir des banlieues
(2013)

Hervé LE BRAS, Emmanuel TODD
Le Mystère français
(2013)

Camille PEUGNY
Le Destin au berceau
Inégalités et reproduction sociale
(2013)

Fabienne BRUGÈRE
La Politique de l'individu
(2013)

Gabriel ZUCMAN
La Richesse cachée des nations
(2013 et nouvelle édition, mise à jour et augmentée, 2017)

Marie DURU-BELLAT
Pour une planète équitable
L'urgence d'une justice globale
(2014)

Antoine VAUCHEZ
Démocratiser l'Europe
(2014)

François DUBET
La Préférence pour l'inégalité
Comprendre la crise des solidarités
(2014)

Claudia SENIK
L'Économie du bonheur
(2014)

Julia CAGÉ
Sauver les médias
Capitalisme, financement participatif et démocratie
(2015)

Laurent DAVEZIES
Le Nouvel Égoïsme territorial
Le grand malaise des nations
(2015)

Éric MAURIN
La Fabrique du conformisme
(2015)

Hervé LE BRAS
Le Nouvel Ordre électoral
Tripartisme contre démocratie
(2016)

Irène THÉRY
Mariage et Filiation pour tous
Une métamorphose inachevée
(2016)

Grégoire KAUFFMANN
Le Nouveau FN
Les vieux habits du populisme
(2016)

François DUBET
Ce qui nous unit
Discriminations, égalité, reconnaissance
(2016)

Pierre VELTZ
La Société hyper-industrielle
Nouvelles formes productives et territoriales
(2017)

Annabelle ALLOUCH
La Société du concours
L'empire des classements scolaires
(2017)

RÉALISATION : IGS-CP À L'ISLE-D'ESPAGNAC
IMPRESSION : NORMANDIE ROTO IMPRESSION S.A.S. À LONRAI
DÉPÔT LÉGAL : AOÛT 2019. N° 142858-3 (1904429)
Imprimé en France